Edgar Wind

Die Bildsprache Michelangelos

Edgar Wind

Die Bildsprache Michelangelos

Herausgegeben und kommentiert von Pablo Schneider

De Gruyter

Die Publikation wird ermöglicht durch den Exzellenzcluster Bild Wissen Gestaltung. Ein Interdisziplinäres Labor der Humboldt-Universität zu Berlin (Fördernr. EXC 1027/1) und die finanzielle Unterstützung durch die Deutsche Forschungsgemeinschaft im Rahmen der Exzellenzinitiative.
Entstanden im Kontext des Forschungsverbundes

Der Abdruck des Manuskripts erfolgt mit freundlicher Genehmigung des Edgar Wind Trust, Oxford, Estate of Margaret Wind.

ISBN 978-3-11-047128-1
e-ISBN (PDF) 978-3-11-047214-1
e-ISBN (EPUB) 978-3-11-047152-6

Library of Congress Cataloging-in-Publication Data
A CIP catalog record for this book has been applied for at the Library of Congress.

Bibliografische Information der Deutschen Nationalbibliothek
Die Deutsche Nationalbibliothek verzeichnet diese Publikation in der Deutschen Nationalbibliografie; detaillierte bibliografische Daten sind im Internet über http://dnb.dnb.de abrufbar.

Einbandabbildung: Unter der Verwendung von Ludwig Gruner *Die Deckenfresken der Sixtinische Kapelle*, 1852–1853, Farblithographie, British Museum, London
Lektorat: Nadine Lange
Satz: SatzBild GbR, Ursula Weisgerber
Druck und Bindung: Hubert & Co. GmbH & Co. KG, Göttingen
♾ Gedruckt auf säurefreiem Papier

MIX
Papier aus verantwortungsvollen Quellen
FSC www.fsc.org FSC® C016439

Printed in Germany
www.degruyter.com

Inhaltsverzeichnis

Vorwort

Edgar Wind – Die Bildsprache Michelangelos

Das Harren auf Erlösung – diesem tiefgehenden Beweggrund widmete Edgar Wind seine Untersuchung der Deckenmalerei der Sixtinischen Kapelle. In den Themen, wie sie Michelangelo dargestellt hatte, sah er eine Struktur von Vorahnung ausgebreitet, welche den Betrachter im Akt des Erkennens zur Erfüllung zu geleiten vermochte. Die Identifikation der Motive stellt einen wichtigen Schritt in Winds Schilderung dar. Doch ebenso von Bedeutung war die Beschreibung dessen, was geschieht, was sich vor den Augen abspielt. Denn dieser Vorgang konnte mithin nicht isoliert werden, sondern war gleichsam eingeschichtet. So lässt sich in der Analyse der Fresken ein Bildverständnis beobachten, welches bereits in der Mitte der 1930er Jahre darauf ausgerichtet war, die Ikonologie im Sinne Aby Warburgs weiter zu entwickeln. Wind übernahm wichtige Beobachtungen des Begründers der Hamburger *Kulturwissenschaftlichen Bibliothek Warburg*. Dessen Distanz- und Polaritätskonzept, in welchem ein Symbolbegriff gleichsam mitgedacht wurde, war dynamisch konzipiert. Motive und Bildaussagen stellten daher keine festen Bezugspunkte dar, sondern traten mit dem vernunftbegabten Betrachter in Beziehung, forderten diesen nicht nur zum Schauen auf. Denn Erkenntnispotentiale basieren auf Wissen und konstituieren engere oder breitere Interaktionsformen. Doch führt dies nicht zu einem *Lesen* der Bilder, verstanden als einem linearen und ebenso zu einem Schlusspunkt führenden Ablauf. Denn Bilder der Sixtina stellen den Gedanken der Erlösung nicht vor Augen, sie können vielmehr zu diesem hinführen. Dieser mögliche Prozess muss keineswegs nur harmonisch verstanden werden. Denn wie kann die Reflektion gegenüber den Themen, wie sie Michelangelos Fresken fulminant vorstellen, überhaupt ablaufen? In Sinne Warburgs denkt Wind an diesem Punkt auch den Akt der Distanznahme von Seiten des Betrachters mit. Es erscheint zunächst Paradox, dass gegenüber Bildwerken ein Schritt der geistigen, aber durchaus ebenso körperlichen, Entfernung vollzogen werden muss, um über diese sinnbestimmend nachdenken zu können. „Darin liegt bereits eine Ahnung von der Entfernung als Grundprincip." wie es Warburg 1888 formulierte und in diesem Akt nicht weniger als eine Vorausset-

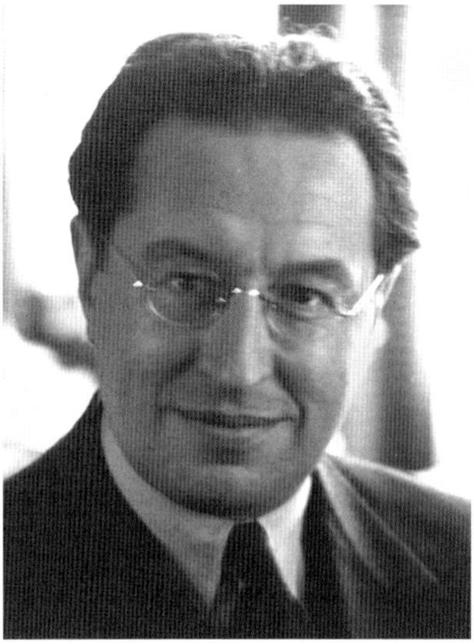

Adelheid Heimann: *Portrait photograph of Edgar Wind*, c. 1930
(London, Warburg Institute Archive)

zung der Zivilisation erkannte. In *Die Bildsprache Michelangelos* nahm Wind diese Überlegungen auf, vollzog jene an der polaren Konstitution der Fresken nach und entwickelte seine Hypothese einer durchgehenden programmatischen Ausgestaltung. Auch, wenn nach der aktuellen Forschung nicht mehr alle seine Beobachtungen übernommen werden können, bleibt der fundamentale methodische Wert der Analyse bestehen. Dieser liegt darin Bildwerke nicht als Illustrationen von Geschichten aufzufassen und diese als visuelle Erzählung stillzustellen, sondern im Ablauf von miteinander verwobener Nähe und Distanz den Bildsinn immer wieder erneut aufzurufen – *Harren auf Erlösung*.

1933 musste Wind gemeinsam mit den Kollegen der *Kulturwissenschaftlichen Bibliothek Warburg* emigrieren. Doch konnte die Forschungseinrichtung eine neue Heimat in London finden. In den Jahren 1935 und 1936 verfasste er das Manuskript der vorliegenden Abhandlung im *Warburg Institute* sowie im Verlauf mehrerer Aufenthalte in Italien, um es dann in Irland weitestgehend fertigzustellen. Reflektionen über die politischen Zeitumstände finden sich in Winds Notizen oder Briefen nur an wenigen Stellen und doch waren diese durchaus präsent. Der sogenannte „Anschluss" Österreichs und die akute Bedrohung für die dortigen Kollegen wurden erwähnt. Auch Gedanken zur Tätigkeit und Außenwirkung als deutscher Kunsthistoriker in England ließ er in seine Überlegungen zu Vortragsreihen mit einfließen. Vor diesem Hintergrund erscheint das Harren auf Erlösung verbunden mit der richtigen Deutung der Vorzeichen als ein starkes Motiv der Hoffnung in diesen Jahren.

Über die Beweggründe, warum Wind das Manuskript, welches sich heute in der Bodleian Library von Oxford befindet, nicht publizierte, lässt sich nur spekulieren. Die Untersuchung war noch in deutscher Sprache verfasst und hätte gegen Ende der 1930er Jahre ins Englische übersetzt werden müssen. Dieses wäre möglich gewesen, allerdings verbunden mit einigem Zeitaufwand. Es kann vermutet werden, dass Wind die *Bildsprache* in eine größere Untersuchung zum religiösen Symbolismus Michelangelos integrieren wollte. Teile veröffentlichte er 1938 im *Journal of the Warburg Institute*. Als er 1939 zunächst in die USA wechselte, standen andere Anforderungen im Vordergrund, so dass eine separate Publikation nicht betrieben wurde. Doch lässt sich die intellektuelle Konzeption der Arbeit zu Michelangelo bis in die *Pagan Mysteries in the Renaissance* von 1958 nachverfolgen. Die nun erstmals vorliegende Studie Edgar Winds ist dennoch nicht nur von fachgeschichtlichem Wert. Denn in seiner Analyse der Fresken Michelangelos kann die methodische Herangehensweise, die jener nie stringent ausformulierte, in der Anwendung am Objekt erfahren werden. Hierin liegt der hohe Wert der *Bildsprache Michelangelos – Harren auf Erlösung in situ.*

Die vorliegende Publikation wäre ohne die Mithilfe etlicher Personen nicht möglich gewesen. So gilt der Dank Martin Kauffmann, Bodleian Library, Oxford, sowie dem Edgar Wind Trust für seine Hilfe und Vertrauen in diese Publikation. Elisabeth Sears, University of Michigan, Ann Arbor für ihre hilfreichen Auskünfte zu Edgar Wind. Nadine Lange sei gedankt für ihr durchdachtes Lektorat und Christina Christidou sowie Friederike Wode für ihre große Mithilfe. Horst Bredekamp ist für seine im höchsten Maße kollegiale Begleitung dieser Publikation zu danken. Das Buch hätte nicht ohne die generöse finanzielle Förderung des Exzellenz-Clusters *Bild – Wissen – Gestaltung* der Humboldt-Universität zu Berlin, realisiert werden können, wofür ebenso ein großer Dank auszusprechen ist. Den Kolleginnen und Kollegen des Forschungsverbundes *Bilderfahrzeuge. Aby Warburg's Legacy and the Future of Iconology* ist für Auskünfte, kritische Kommentare und ein wunderbares Arbeitsumfeld zu danken. Ein großer Dank ist an Katja Richter und Verena Bestle vom Verlag De Gruyter zu richten, mit denen die Zusammenarbeit an der vorliegenden Publikation eine große Freude war.

Eggstedt, im September 2016

Edgar Wind – Die Bildsprache Michelangelos

Einleitung

Der Bilderzyklus der Sixtinischen Decke ist ein Sinnbild des Harrens auf die Erlösung (Abb. 1). Michelangelo verwarf den ursprünglichen Plan, die zwölf Apostel darzustellen, die die Heilswahrheit unmittelbar besitzen. Er setzte an ihre Stelle die Propheten und Sibyllen, die einer Welt, der der Heiland noch nicht erschienen ist, sein Kommen durch Gleichnisse verkünden. Auch die Vorfahren Christi, deren Namen und Bilder die Weissagungen der Propheten und Sibyllen begleiten, sind ein Sinnbild für das Kommen des Heilands. Und beide Reihen – Seher und Ahnen – sind, wie als Gegenspieler, der Schöpfungs- und Urgeschichte des Menschen zugeordnet, die durch den Sündenfall zur Austreibung aus dem Paradies, und durch den Frevel der Nachkommen Adams zur Sintflut und zur Schande Noahs führen. Die vier Eckbilder mit den Geschichten von Moses, Esther, David und Judith nehmen die frohe Botschaft wieder auf und zeigen vier Beispiele wunderbarer Rettungen des auserwählten Volkes: Sinnbilder der Erlösung durch Christus.

Dies alles hat man von jeher – bald mehr, bald weniger deutlich – empfunden. Aber gerade dieses unbestimmte Gefühl für das Ganze hat das Verständnis der Einzelheiten nicht gefördert. Man hat nicht erkannt, mit welcher unerbittlichen Folgerichtigkeit den Erzählungen und Sprüchen des Alten Testaments die Heilslehre der christlichen Kirche als geheimes Thema unterlegt worden ist. Die folgenden Studien suchen den Beweis zu erbringen, dass der Grundgedanke der Erlösungserwartung nicht nur den allgemeinen Plan des Programms bestimmt hat, sondern bis in die kleinsten, bisher unerklärbaren Einzelheiten hinein die Wahl der Themen und die räumliche Anordnung der Figuren und Bildfelder beherrscht.

Dass von den sechzehn Propheten der Bibel gerade diese sieben, von den zehn oder zwölf Sibyllen, die die Überlieferung im 16. Jahrhundert verzeichnet, gerade diese fünf ausgesucht worden sind, wird sich weder als Willkür noch als Zufall erweisen, sondern als bedingt durch die Beziehung ihrer Prophetien zu den Mittelbildern mit der Schöpfungsgeschichte, zu den Eckfeldern mit den „wunderbaren Rettungen", und zu den begleitenden Medaillons, deren Szenen erst durch diese neue Art der Betrachtung vollständig deutbar werden.

Auch Gebärden der Propheten und Sibyllen, deren Verständnis durch psychologische Betrachtungen mehr verwirrt als geklärt worden ist, erhalten eine eindeu-

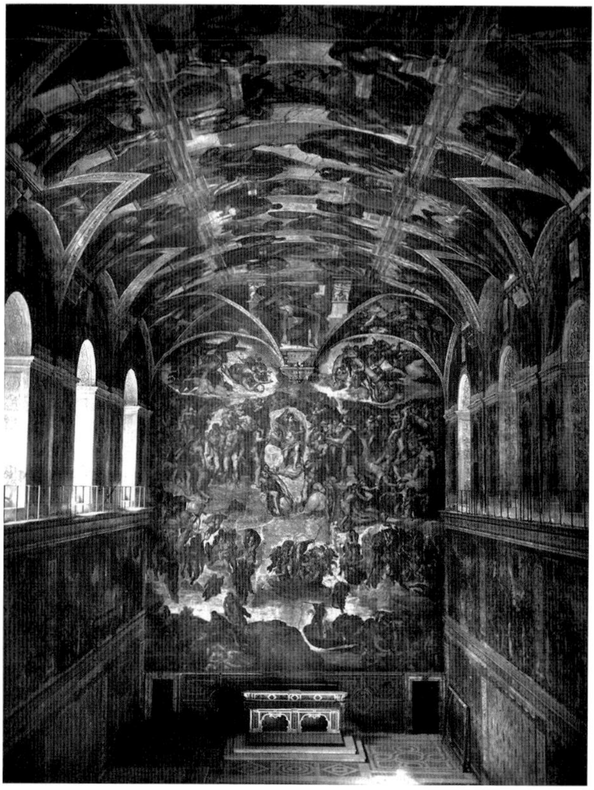

Abb. 1 Blick in Kapelle

tig fassbare, in den Einzelzügen genau nachprüfbare Bedeutung, wenn man ihren Zusammenhang mit den Szenen der Medaillons und den Figuren der Lünetten erkennt, die sie wie ein durchlaufender Kommentar begleiten. Ja, diese Lünetten selbst, die seit den Zeiten Vasaris einer ikonographischen Einzeldeutung als weder fähig noch bedürftig erachtet wurden, lassen sich Stück für Stück als Teile eines einheitlichen Programms erkennen.

„Es scheint Mut dazu zu gehören, noch über diese Gemälde sich hören zu lassen". So schreibt Justi im Jahre 1900. „Dass nach vierhundert Jahren noch hineingeheimniste Ideen der Enträtselung harren sollten, dieser Glaube würde der Klarheit zu nahe treten, die man bei dem echten Kunstwerk voraussetzt". Aber Justi hat selbst, ohne sich darüber zu täuschen, den Gegenbeweis zu dieser Erklärung geliefert. Der spekulative Zug seiner eigenen und aller auf ihn folgenden Deutungen zeigt, dass die „Rätsel Michelangelos" heute noch ebenso ungelöst sind wie zu der Zeit, als Ludovico Dolce in seinen Dialogen den Aretino die boshaften Worte sprechen ließ: „Michelangelo will, dass seine Erfindungen nur von wenigen Gelehrten verstanden werden, so muss ich ihm seine Geheimnisse schon lassen, da ich nicht zu diesen wenigen gehöre".

Gelehrsamkeit ist allerdings das letzte, was zur Auflösung dieser Rätsel verlangt wird. Aus der Bibel und Dantes „Göttlicher Komödie" allein ist die Deutung vollständig zu gewinnen. Wer diese beiden Bücher liest, mit Michelangelos Bildern vor Augen, muss überwältigt werden von der fast monomanen Energie, mit der ein schlichter religiöser Grundgedanke sich durchsetzt gegen einen unvergleichlichen Reichtum der plastischen Einbildungskraft. Die Klarheit der Entscheidung, die nirgends zulässt, dass die Bildphantasie sich beziehungsfrei äußert, scheint – Justi zum Trotz – gerade der Grund, dass diese Bilder so lange ein verwirrendes Geheimnis geblieben sind. „Le fond de tout grand génie", sagt Stendhal, „est toujours une bonne logique. Tel fut l'unique tort de Michel-Angelo".

I Höllenfahrt und Erlösung

(Die vier Eckfelder)

1 Die Kreuzigung Hamans

Es gibt kaum eine Gestalt des Alten Testaments, deren Todesart ausführlicher beglaubigt wäre als die des Judenverfolgers Haman. Er wurde gehängt, und zwar an den gleichen Baum, den er für Mardochai bestimmt hatte.[1] Die Mittelalterlichen, sowohl jüdischen wie christlichen Bilderhandschriften halten sich wörtlich an den Bibeltext und geben den Galgen wieder, an dem Haman hängt, und als Nebenszene oft das Gastmahl Esthers, auf dem sie Haman des Anschlages überführt. Die gleiche Anordnung findet sich noch auf Bildwirkereien des 17. und 18. Jahrhunderts.

In schroffem Gegensatz zu dieser Tradition steht Michelangelos Bild vom Tode Hamans (Abb. 2). Zwar wird auch hier, links neben der Hinrichtungsszene, das Festmahl Esthers sichtbar, dazu (als Gegenstück rechts) die Berufung Mardochais durch Ahasver. Aber Haman selbst ist nicht gehängt, sondern *gekreuzigt*: In gewaltsam verkrampfter Haltung, wie der böse Schächer auf Golgatha, ist er an den Baum genagelt worden, und die wild hervorbrechende Gebärde des Schmerzes wirkt noch wie ein Ausdruck der Empörung:

> "Poi piovve dentro all'alta fantasia
> Un crocifisso dispettoso e fiero
> Nolla sua vista, e cotal si moria.
>
> Intorno ad esso era 1'grande Assuero,
> Esther sua sposa e il giusto Mardecheo.
> Che fu al dire e al far cosi: intero."
>
> (Purgatorio 17, 25–30)

[1] Die rabbinische Legende hat diese Erzählung ausgeschmückt. Sie berichtet, Gott habe die Bäume gefragt, welcher Haman als Galgen dienen wolle, aber alle wehrten sich und nannten ihre Gründe. Nur der Dornenstrauch wusste nichts zu sagen. Darum wählte ihn Gott, und darum wählte ihn auch Haman, als er einen Baum aussuchte, der für Mardochai hoch genug wäre.

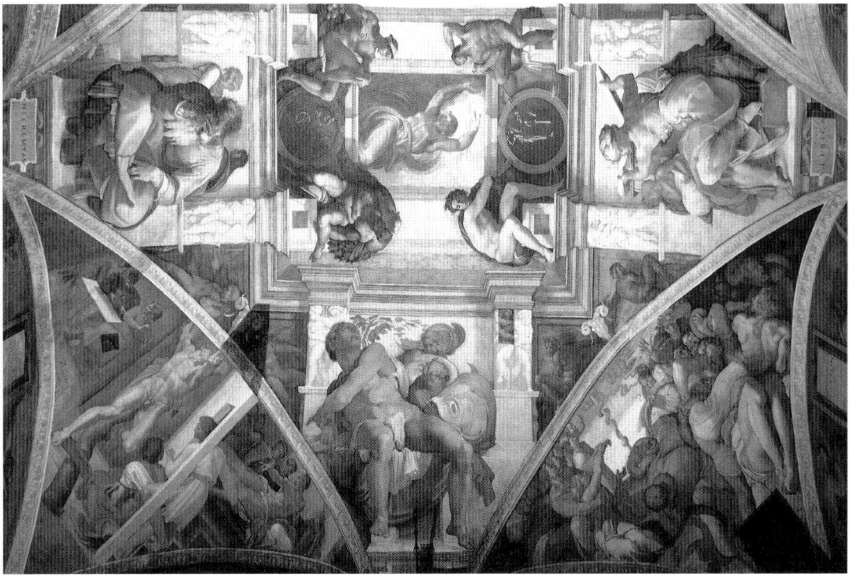

Abb. 2 Die Trennung von Licht und Dunkelheit

Diese Vision Dantes hat auf Michelangelo eingewirkt.[2] Aber mit dieser Feststellung ist das Rätsel nur zur Hälfte gelöst; denn wie ist es zu erklären, dass Dante selbst sich Haman als Gekreuzigten vorstellt? War es wirklich, wie man gelegentlich vermutet hat, ein bloßer „Übersetzungsfehler“[3], der in seiner gewaltigen Phantasie das Bild dieses titanischen Todes hervorrief? Oder war schon ihm das Wort vom „gekreuzigten Haman“ mit einem besonderen Vorstellungsinhalt überliefert?

Als „Äffung eines Heiligen Todes“ hat Justi diese Kreuzigung empfunden, doch ohne es auszusprechen, dass dieser Gedanke den religiösen Volksfanatismus jahrhundertelang beherrscht hat. Eine der frühesten Äußerungen davon ist in den Vorschriften des theodosianischen Kodex erhalten, der den Juden in allen Provinzen verbot, „ein gewisses Fest zu feiern, wobei sie ihren versteckten Hass gegen den gekreuzigten Heiland sehr schlau auszulassen pflegten. Es war dies ein Fest zum Andenken an den Sturz ihres Feindes Haman; denn eben diesen stellten sie

[2] Seit Richard Duppa den Zusammenhang entdeckt hat, ist er von allen Michelangeloforschern (z.B. Carl Justi, Henry Thode, Ernst Steinmann, Karl Borinski) zustimmend zitiert worden. In: Richard Duppa: *The Life of Michelangelo Buonarrotti*. London 1806.

[3] Konrad Falke spricht bei der Interpretation dieser Stelle von dem „gehängten oder, wie die Vulgata übersetzt, ‚gekreuzigten‘ Haman“. – Die Vulgata, die sonst für „Kreuzigen“ überall „*in cruce suspendere*“ sagt, verwendet aber gerade an dieser Stelle den Ausdruck „*in patibulo suspendere*“. In: Konrad Falke: *Dante*. München 1922, S. 567.

als Gekreuzigten dar und verbrannten ihn an jenem Tag unter großem Schreien und Toben, gleich als wäre es Christus".[4]

Durch diese Deutung rief das Purimfest, diese Feier zum Gedächtnis der glücklichen Abwehr der ersten großen Judenverfolgung, unzählige neue Verfolgungen hervor,[5] denn die Gleichsetzung von Haman und Christus, in deren parodistischer Form ein tragischer Ritus, vielleicht sogar ein ursprünglicher Zug der Passionsgeschichte Christi nachlebt,[6] erhielt sich mächtig schon allein durch eine verhängnisvolle Konkordanz der Daten: Der zweite Tag des Passahfestes, der als Tag der Hinrichtung Hamans gefeiert wurde, war auch der Tag der Kreuzigung Christi.

Diese regelmäßig wiederkehrende Konstellation musste den Verdacht des Analogiezaubers ständig erneuern, und etwas wie eine Erinnerung an diesen Vorgang schwingt noch in Dantes und Michelangelos Gleichnis mit. Denn ein Gleichnis und Sinnbild ist ihnen dieses Bild des gekreuzigten Haman geworden. Was als Spottfigur überliefert war, als parodistisches Abbild, an dem man nach den elementaren Regeln des envoûtement alle Beschimpfungen und Verletzungen vollzog, die man dem wirklichen Feinde zugedachte, ist hier das Symbol eines blasphemischen Trotzes, der seine höchste und letzte Ausdrucksform in einem blasphemischen Tode fand. Niemand kann die Worte Dantes hören: „un crocifisso dispettoso o fiero", ohne an einen Antitypus Christi zu denken; und dass Michelangelo sein Bild so verstanden wissen wollte, hat er durch die Anordnung an der Decke kenntlich gemacht. Denn das räumliche Gegenstück zur „Kreuzigung Hamans" ist die „Aufrichtung der Ehernen Schlange", also gerade diejenige Szene des Alten Testaments, die im typologischen Bilderkreis der christlichen Kirche als Vorbild der „Kreuzigung Christi" gilt: „Und wie Moses in der Wüste eine Schlange erhöhet hat, also muss des Menschen Sohn erhöhet werden, auf dass alle, die an ihn glauben, nicht verloren gehen, sondern das ewige Leben haben."[7]

So sah der Gläubige, wenn er den Blick zur Altarwand erhob, in der oberen rechten Ecke das Bild, das er gewohnt war, als Hinweis auf den Kreuzestod Christi zu deuten. Erwartete er aber, wie es die „Aufrichtung der Ehernen Schlange" zu verheißen schien, auf der Gegenseite diesen Kreuzestod selbst dargestellt zu finden, so erlebte er eine erschreckend gewaltsame Peripetie. Am

[4] Ferdinand Gregorovius: Der Ghetto und die Juden in Rom (abgedruckt in: Wanderjahre in Italien, Dresden 1925, S. 263 ff.) – Vgl. dazu die Quellenangaben in dem Artikel „Juden" in Ersch-Grubers Encyclopädie, Leipzig 1850, II. Sektion, 27. Teil, S. 73; und bei James George Frazer: *The Golden Bough. The Scapegoat*. Bd. 6, London u.a. 1913.

[5] Vgl. Julius Aronius: *Regesten zur Geschichte der Juden*. Berlin 1902, Nr. 330, 421, 748.

[6] Frazer 1913.

[7] Johannes 3, 14–15.

Kreuze hing nicht der Erlöser, sondern der Feind von dem man erlöst sein will. Als Vorahnung des versöhnenden Opfertodes erschien hier das grausamste Beispiel gerechter Vergeltung: das Beispiel einer Kreuzigung, die nicht die Erfüllung des Wortes ist, sondern eine andere und dunklere Fassung des Wortes, das noch der Erfüllung harrt.

2 Judith – Maria; Holofernes – Satan

Bei der Umwendung von der Altar- zur Eingangswand erschienen in den Eckfeldern der Decke wieder zwei Bilder, die einander inhaltlich zugeordnet sind: David, der dem Goliath das Haupt abschlägt, und Judith, die das Haupt des Holofernes davonträgt (Abb. 3). Schon die Analogie des Motivs legt den Gedanken nahe, dass eine tiefere Entsprechung gemeint war; und diese Vermutung wird zur Gewissheit, wenn man erkennt, wie überhaupt in den Eckfeldern die Form der alternierenden Zuordnung wiederaufgenommen wird, die die Gruppierung der Propheten und Sibyllen beherrscht. Immer steht dem männlichen Helden ein weiblicher gegenüber: Die Aufrichtung der Ehernen Schlange war eines der Wunder Moses, die Hinrichtung Hamans ein Teil der Esthergeschichte. So erscheinen auch David und Judith als Gegenstücke – der männliche und der weibliche Retter.

Für das Florentinische Volksbewusstsein waren beide Gestalten längst zu Schutzheiligen städtischer Freiheit geworden. Nach der Vertreibung der Medici wurde die „Judith“ des Donatello auf die Piazza della Signoria geschleppt und dort als Symbol der Tyrannenbesiegung aufgestellt. An den gleichen Ort stellte man später den David des Michelangelo. Auf Ghibertis Paradiesestür konnte man Judith als Seitenfigur zu dem Bilde sehen, das den Sieg Davids über Goliath feierte. Somit war es nichts Ungewöhnliches, wenn über der Eingangswand der Sixtina David und Judith als Gegenstücke erschienen.

Aber mit diesem Hinweis auf eine Florentinische Bildgewohnheit ist noch nicht erklärt, was diese Zuordnung innerhalb des religiösen Plans der Sixtina zu bedeuten hat. Beide Figuren haben – über ihre motivische Entsprechung hinaus – noch einen gemeinsamen theologischen Ort; und dieser bezeichnet vielleicht sogar den ursprünglichen Sinn ihrer Zuordnung, aus dem der politische sich erst entwickelte:

Judith gilt in der Liturgie der katholischen Kirche als das alttestamentarische Vorbild der Maria, und am Tage der sieben Schmerzen Mariae wird der Text aus dem Buche Judith verlesen: „Gesegnet bist du, Tochter vom Herrn, dem höchsten Gott, vor allen Weibern auf Erden“. Dies sind die Worte, die Osias, der Fürst Israels, zu Judith spricht, und die gleichen Worte verwendet der Evangelist Lukas, als

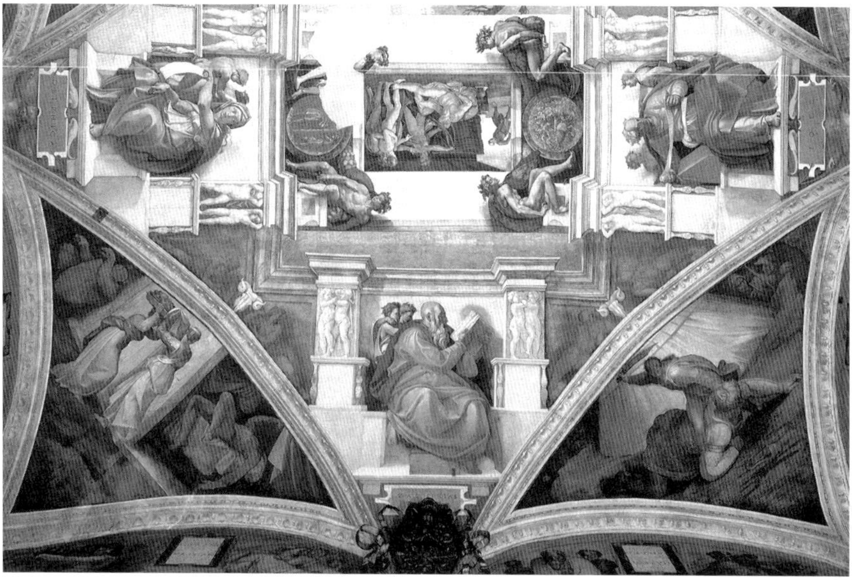

Abb. 3 Die Trunkenheit Noahs

er von Maria redet.[8] Erklärt aber wird diese Entsprechung zwischen Judith und Maria durch Berufung auf die Worte der Kirchenväter, die davon reden, dass Maria ihren eigenen Sohn geopfert hat, „um uns zu erlösen vom höllischen Holofernes".[9] Holofernes ist der Fürst der Hölle, von dem die Welt durch Christus erlöst wird, und so wird Judith zum Gleichnis der Maria, die der Welt den Retter geschenkt hat. Holofernes ist Satan; Judith ist Maria. Der mittelalterlichen Bildtradition ist diese Doppelgleichung ganz geläufig.[10] Sie lässt sich aber auch noch im 16. Jahrhundert als durchaus lebendig nachweisen. Auf einem Bilde der Verkündigung Mariae von Frencesco Tarbido (Verona) erscheint im Hintergrunde, als Grisaille gemalt, die Gestalt der Judith. Und selbst in Dürers „Marienleben" ist Judith als Statue im Hintergrund der „Verkündigung" zu sehen. Sogar der überwundene Teufel ist hier mit dargestellt: man hat ihn unter der Treppe eines Höllenverlies festgekettet.[11]

8 Lukas 1, 42 und Judith 13, 23.

9 Migne

10 Moldadorf

11 Diesen Teufel, dessen Physiognomie aus „Ritter, Tod und Teufel" bekannt ist, hat man seltsamerweise für einen Dachs gehalten und an seine Festkettung die tiefsinnigen Spekulationen über reine und unreine Liebe geknüpft. (Vgl. Rudolf Wustmann: *Zeitschrift für bildende Kunst*, Leipzig 1911, S. 112.) Die Vorstellung des angeketteten Teufels ist aber aus der Apokalypse geläufig.

Ist aber einmal erkannt, dass die Überwindung des Holofernes in der liturgischen Tradition die Überwindung des Satans bedeutet, so wird auch die Zuordnung der Judithszene zur Szene des David theologisch verständlich. Denn im normalen typologischen Bilderkreis, in dem die Judithszene nicht vorkommt, vertritt die Besiegung Goliaths durch David gerade diejenige Tat des Erlösers, die durch den Gang der Judith zu Holofernes bezeichnet wird: Sie bedeutet die *Höllenfahrt Christi*.

Es wiederholt sich also wörtlich der Vorgang, der uns schon die Deutung der „Kreuzigung Hamans" in Beziehung zur „Ehernen Schlange" erschloss. Durch das Bild der Überwindung Goliaths durch David wird für den in der Typologie des Bilderkreises gläubig Erzogenen der Gedanke an die Höllenfahrt Christi wachgerufen. Aber wieder ist im Gegenbild diese Höllenfahrt nicht unmittelbar dargestellt, sondern gleichnisweise im Bild der Judith.

Diese symbolische Bezeichnung der Verhüllung des Erlösungsgedankens, der vom Alttestamentarischen aus angedeutet, aber dann gleich wieder ins Alttestamentarische zurückgenommen wird, gibt dieser Bildersprache die Form einer geheimen Prophetie. Wer die gleichnishafte Absicht erkennt, wird die Transparenz des christlichen Sinngehalts bemerken. Wer nur den wörtlichen Sinn versteht, bleibt gleichsam eingefangen in einen strengen alttestamentarischen Zyklus.

3 Die Worte Zacharias' und Jonas'

Die Propheten des Alten Testaments sind die Sprecher dieser Gleichnisse. Ihre Worte sind die entscheidende Probe für die Geltung der hier vorgeschlagenen Deutung. Zacharias, der ruhigste unter ihnen hat seinen Platz über der Eingangswand der Kapelle (Abb. 3): zu seiner Rechten die Bezwingung Goliaths durch David, zu seiner Linken die Überwindung des Holofernes durch Judith, beides Gleichnisse – wie wir glauben – der Satansbesiegung. Er ist der Prophet der Gnadengewissheit: „Siehe, ich habe deine Sünde von dir genommen und habe dich mit Feierkleidern angezogen".[12] Aber er leitet diese Verheißung ein durch die Vision einer Satansvertreibung, die durch ihre ausdrückliche Nennung und Anrufung des Höllenfürsten wie ein Begleittext zu den Eckbildern wirkt: „Und mir ward gezeigt der Hohepriester Josua stehend vor dem Engel des Herren, und der Satan stand zu seiner Rechten, dass er ihm widerstünde. Und der Herr sprach zu dem Satan: der Herr schelte dich, du Satan, ja der Herr schelte dich, der Jerusalem erwählet hat. Ist dieses nicht ein Brand, der aus dem Feuer errettet ist?"[13] Ihm gegenüber

[12] Zacharias 3, 4.

[13] Zacharias 3, 1–2.

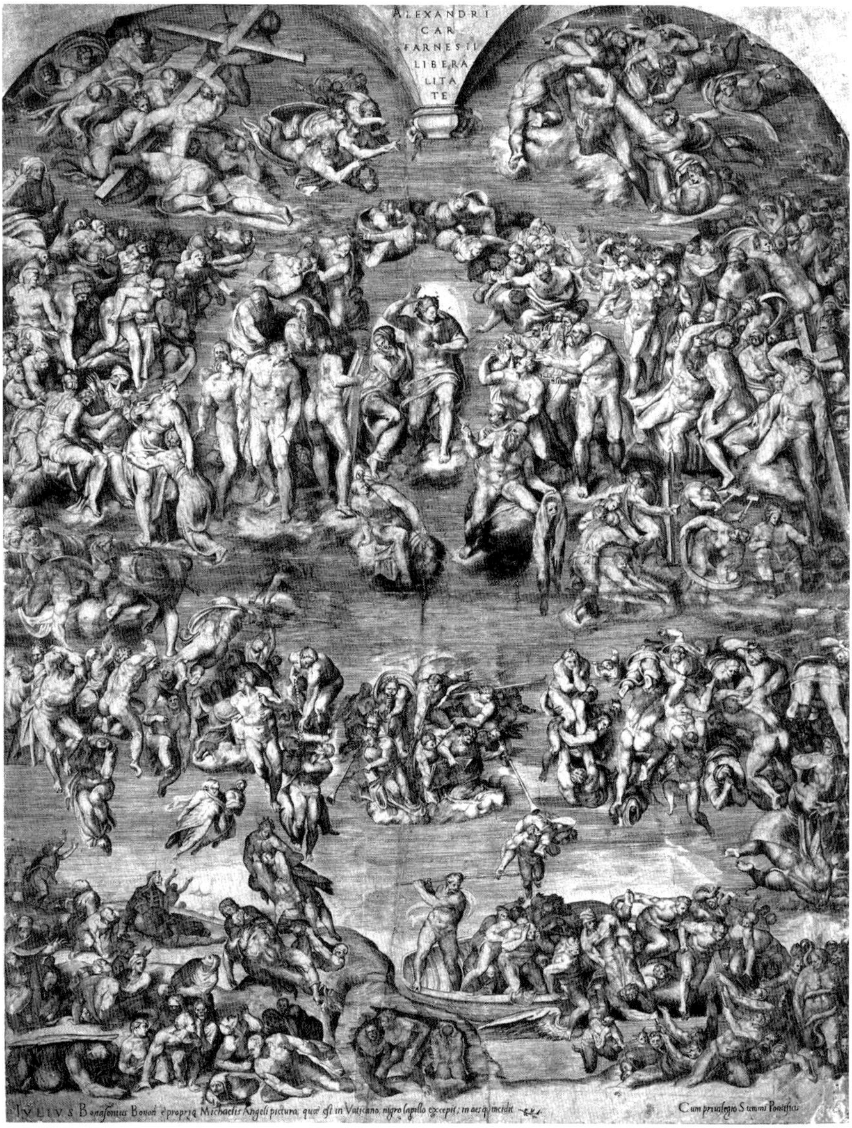

Abb. 4 Das Jüngstes Gericht

aber, auf der Seite des Altars, zwischen den Erlösungsgleichnissen der Ehernen Schlange und der Kreuzigung Hamans, erscheint – als der erregteste unter allen Propheten – der hadernde Jonas (Abb. 2), von Christus selbst das Zeichen der Auferstehung genannt, weil er drei Tage im Bauch des Fisches verweilt und dann auf sein Gebot wieder ausgespien ward: „Ich rief zu dem Herrn in meiner Angst, und er antwortete mir; ich schrie aus dem Bauch der Hölle, und du hörtest meine Stimme."[14]

„Überwindung des Satans" (auf der Seite Zacharias), „Erlösung und Auferstehung" (auf der Seite des Jonas) – dies ist der Grundgedanke dieser Bildergruppe. Für die Richtigkeit der Deutung hat sich ein äußerer Beleg in den späteren Plänen Michelangelos erhalten. Noch nach dreißig Jahren, als er den Auftrag erhielt, die Altar- und Eingangswand auszumalen, hat der gleiche Gedanke die Wahl der Themen mitbestimmt. Denn wie heute an der Altarwand (unterhalb des Propheten Jonas) das „Jüngste Gericht" den Triumph des Erlösers verkündet, so sollte an der Eingangswand (unterhalb des Propheten Zacharias) ein Fresko erscheinen mit dem *Sturz des Antichrist*.

Innerhalb des „Jüngsten Gerichtes" (Abb. 4) selbst aber – dort, wo die Marterwerkzeuge Christi erscheinen – hat Michelangelo die Symbolik der darüber befindlichen Eckfelder ausdrücklich wieder aufgenommen und verstärkt. Die von Menschenleibern umklammerte Martersäule ist (auch formal) das Gegenstück zu dem von der Schlange umwundenen Stabe. Auf der Gegenseite wird – unmittelbar unter der „Kreuzigung Hamans" – das *Kreuz Christi* herbeigetragen.

[14] Jonas 2.

II Die Passion im Sinnbild der Schöpfungsgeschichte

(Die Mittelbilder und Medaillons)

Man hat seit langem erkannt, dass Vasari für die Deutung der Sixtinischen Bilder eine unzuverlässige Quelle ist, aber diese Erkenntnis hat sich nicht überall durchgesetzt. Nach seiner Aussage sollen die Szenen sämtlicher Medaillons den Büchern der Könige entnommen sein, und man hält an diesem Zeugnis fest, obwohl man längst weiß, dass z.B. das Medaillon über der Libyca, das der Altarwand am nächsten ist, das Opfer Abrahams darstellt (Abb. 2).

Als man versuchte, diese „Abweichung" zu erklären, traf man auf eine Spur, die man leider nicht weiter verfolgt hat.[15] Nicht nur das Opfer Abraham, sondern auch die Szene des gegenüberliegenden Medaillons, „Die Himmelfahrt des Elias" (Abb. 2), weicht deutlich von der chronologischen Szenenfolge ab, die man für alle übrigen Medaillons aus den Büchern der Könige entnehmen zu können glaubte. Gerade diese beiden Bilder passen aber, wenn man sie typologisch deutet, zu der zugehörigen Figur des Propheten Jeremias. Das „Opfer Abrahams" ist im typologischen Bilderkreis das Parallelstück zur „Aufrichtung der Ehernen Schlage" und bedeutet wie diese den Opfertod Christi. „Die Himmelfahrt des Elias" weist auf Christi Himmelfahrt hin.

Dies hat man erkannt, und so entschloss man sich, diesen beiden Bildern – im Gegensatz zu allen übrigen – eine typologische Bedeutung zuzusprechen. Die Durchbrechung des chronologischen Ordnungsprinzips sollte sich hier aus dem Wunsch Michelangelos ableiten, in den beiden Medaillons, die der Altarwand am nächsten waren, auf das Erlösungswunder hinzuweisen.

Aber solche „plötzlichen Wünsche", die das einmal gewählte Programm an einem beliebigen Punkte für unverbindlich erklärten, setzen den Begriff der künstlerischen Freiheit voraus, der im 16. Jahrhundert fremd war. Schon bei der Deutung der Mittelfelder pflegt man von dieser Lizenz einen unerlaubten Gebrauch zu machen, wenn man z.B. entdeckt, dass das „Opfer Noah" der „Sintflut" vorangeht, statt ihr nachzufolgen, und nun diese Durchbrechung der chronologischen Ordnung wieder aus dem „künstlerischen Verlangen" erklärt, das große Feld für die „Sintflut" zu verwenden.

15 Vgl. Ernst Steinmann: *Die Sixtinische Kapelle*. 2 Bde., München 1905, auch für das Folgende.

Dieser „Deus ex machina“ müsste noch für drei andere Medaillons bemüht werden, um die Abweichung von der chronologischen Ordnung der Bücher der Könige zu rechtfertigen. Es ist also am besten, man schaltet diese Erklärungsweise aus. Wenn die chronologische Abfolge des Buches der Könige wirklich für die Anordnung der Medaillons bestimmt war, so kann sie nicht plötzlich bei mehreren Szenen durchbrochen sein. Wenn sich aber an einigen Szenen die typologische Deutung wirklich bewährt, so kann sie wieder nicht auf diese beschränkt bleiben.

Nimmt man hinzu, dass der typologische Ansatz sich schon bei den Eckbildern als fruchtbar erwiesen hat, so erscheint die Forderung unabweislich, auch die Mittelbilder und Medaillons nach dem gleichen Prinzip zu untersuchen. Der Gang der Deutung ist durch die architektonische Gliederung vorgeschrieben, die je zwei Medaillons einem Mittelbild zuordnet und sie mit einem Propheten und einer Sibylle verbindet. Die Texte der Propheten müssen das Stichwort liefern.

4 Die Worte Joels und der vier großen Propheten

Dass ein Zusammenhang besteht zwischen den Worten der Propheten und den Bildern der Schöpfungs- und Urgeschichte, das lässt sich am einfachsten – zunächst ohne alle Deutung – durch bloße Nebeneinanderstellung von Text und Bild beweisen.

Der Prophet Joel, der unmittelbar auf Zacharias folgt, ist dem Bild von der Trunkenheit und Schande Noahs zugeordnet, und gleich zu Beginn seiner Prophetie ruft er aus: „Wachet auf, ihr Trunkenen und weinet und heulet, alle Weinsäufer, um den Most; denn er ist euch vor eurem Maul weggenommen. Denn es zieht heraus in mein Land ein mächtig Volk und dess ohne Zahl; das hat Zähne wie Löwen und Backenzähne wie Löwinnen; dasselbige verwüstet meinen Weinberg und streifet meinen Feigenbaum, schältet ihn und verwirft ihn, dass seine Zweige weiß dastehen“. (Joel 1, 5–12).

Auf Joel folgt Jesaja – der Prophet, der die Opfer verwirft und die Heiligung des Gebetes fordert (Abb. 3). Er erscheint neben dem Bilde einer Opferszene (von der wir hier noch unentschieden lassen dürfen, ob und warum sie gerade Noahs Opfer darstellt; Abb. 5). Die Worte des Propheten sind diese: „Was soll mir die Menge eurer Opfer? spricht der Herr. Ich bin statt der Brandopfer von Widdern, und des Fetten von den Gemästeten, und habe keine Lust zum Blut der Farren, der Lämmer und Böcke“.

Hesekiel, der Prophet der Auferstehung, erscheint neben dem Bild der „Erschaffung Evas“ (Abb. 6), wo Gottvater die Gestalt des Weibes aus der Rippe des Mannes formt: „So spricht der Herr von diesen Gebeinen: Siehe, ich will einen

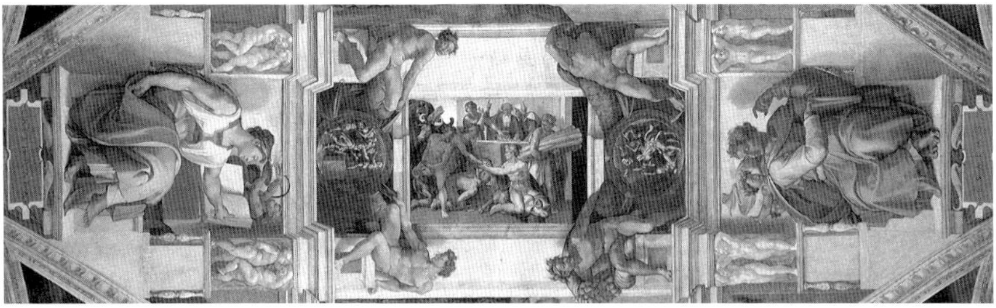

Abb. 5 Noahs Brandopfer

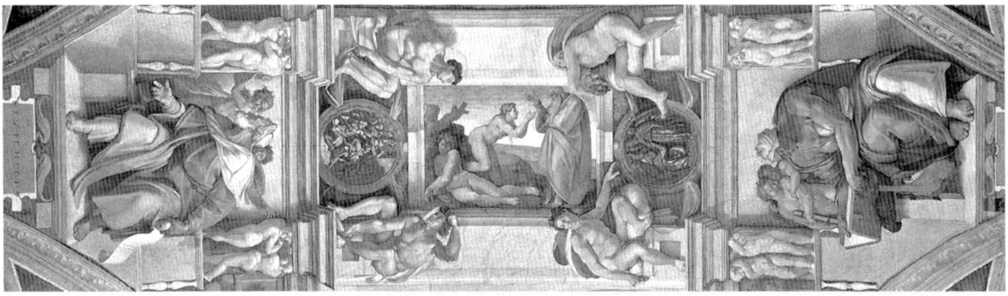

Abb. 6 Die Erschaffung Evas

Odem in euch bringen, dass ihr wieder lebendig werdet; und sollte erfahren, dass ich der Herr bin. Ich will euch Adern geben, und Fleisch lassen über euch wachsen, und mit Haut überziehen; und will euch Odem geben, dass ihr wieder lebendig werdet; und sollt erfahren, dass ich der Herr bin". (Hesekiel 37, 5–6).

Selbst die Bilder der ersten Schöpfungstage, wo Gott allein den Raum durchwaltet, fügen sich dieser Form der Zuordnung. Die „Trennung von Licht und Finsternis" erscheint neben dem Propheten Jeremias (Abb. 2), der in dem Gegensatz von Tag und Nacht das Zeichen sieht für die Auserwählung Israels: „So spricht der Herr: Halte ich meinen Bund nicht mit Tag und Nacht, noch die Ordnung des Himmels und der Erde; so will ich auch verwerfen den Samen Jakobs, und Davids, meines Knechtes". (Jeremias 33, 25–26). Und wieder: „So spricht der Herr, der die Sonne dem Tage zum Licht gibt, und den Mond und die Sterne nach ihrem Lauf der Nacht zum Licht; der das Meer bewegt, dass seine Wellen brausen; Herr Zebaoth ist sein Name; wenn solche Ordnungen abgehen vor mir, spricht der Herr, so soll auch aufhören der Same Israels, dass er nicht mehr ein Volk vor mir sei ewiglich". (Jeremias 31, 35–36).

Nur beim Propheten Daniel könnte man zweifeln, ob der Text seiner Prophetie zu dem Bilde Bezug hat, auf dem Gott sich schwebend über das Weltall neigt, um die Vögel der Luft und die Fische des Wassers zu segnen (Abb. 7). Zwar erscheint in den Prophetien Daniels das Traumgesicht von einem „der kam in des

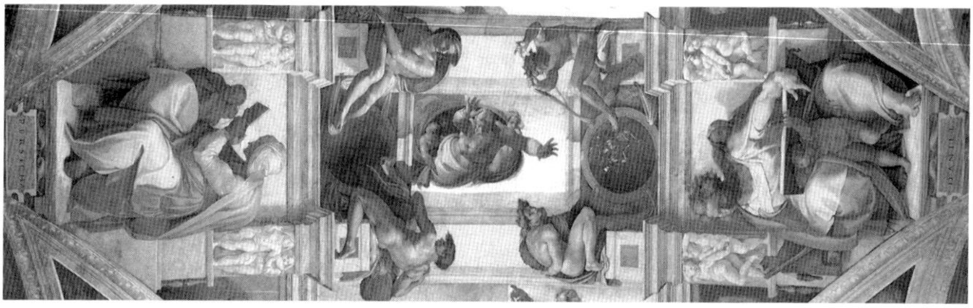

Abb. 7 Die Trennung von Land und Wasser

Himmels Wolken“[16], und auch der Traum des Nebukadnezar, den Daniel deutet, beginnt mit den Worten: „Und ich sahe ein Gesicht auf meinem Bette, und siehe, ein Heiliger Wächter fuhr vom Himmel herab“ (Daniel 4, 10). Die Weissagung aus diesem Traume lautet, dass der König für seine Vermessenheit „von den Leuten verstoßen“ werde und „bei den Tieren auf dem Felde bleiben“ soll:[17] – „und er aß Gras wie Ochsen und sein Leib lag unter dem Tau des Himmels, und ward nass, bis sein Haar wuchs, so groß als Adlersfedern, und seine Nägel wie Vogelklauen wurden“.[18] Als er aber zum Tier geworden war, erkannte er Gott und Gott segnete ihn und setzte ihn wieder ein in die königlichen Ehren.

Dass aber wirklich mit diesem Bilde des fünften Schöpfungstages, der „Segnung der Tiere“, das „Erkennen Gottes“ gemeint ist, wird sich überzeugend erst dann beweisen lassen, wenn wir die Szenen der zugehörigen Medaillons bestimmt haben, wenn die Gebärden der Persica und des Daniel gedeutet sind, und wenn erklärt ist, warum in den Lünetten unmittelbar unter der Figur des Daniel der Mann ein Schreiber ist und die Frau einen Faden abspult und warum die entsprechenden Figuren unter der Persica – wohl der Mann zur Linken, wie die Frau mit dem Kinde zur Rechten – in tiefem Traum versunken sind.

Was an diesem Bild des „fünften Schöpfungstages“ nur allzu deutlich wird, gilt aber auch für die anderen Bilder: Die Zuordnung zu dem Text der Propheten ist nur der erste Ansatz der Deutung. Ihren Abschluss und ihre letzte Bestätigung findet sie erst, wenn sie sowohl die Thematik der Medaillons und Lünetten wie den gebärdensprachlichen Ausdruck der Propheten und Sibyllen und ihrer Nebenfiguren einbeziehen kann.

Um schrittweise diese Einbeziehung vorzunehmen, fange ich nochmals beim Propheten Joel und dem Bilde von der Schande und Trunkenheit Noahs an.

16 Daniel 7, 13.

17 Daniel 4, 22.

18 Daniel 4, 30.

5 Die Bedrohung des Weinbergs

„Die Schande Noahs" ist oft, und zwar gerade von Michelangeloforschern, in einem bibelwidrigen Sinne gedeutet worden. Man hat behauptet, hier solle gezeigt werden, wie die Sünde selbst den Patriarchen befällt. Aber wer den Bibeltext vorsichtig liest, wird finden, dass die Schande Noahs nicht seine eigene Sünde, sondern die seines jüngsten Sohnes ist. Noah selbst ist ein Ackermann, und er pflegt den Weinberg. So hat ihn auch Michelangelo links im Bild dargestellt. Nach der Arbeit aber zieht sich Noah in seine Kammer zurück und trinkt und fällt in Schlaf, und als sein jüngster Sohn bei ihm eindringt und seine Blöße erblickt und seine beiden Brüder herbeiruft, um die Schande des Vaters zu sehen, da wenden sie ihre Blicke ab und bedecken den Alten. Und da Noah nach dem Erwachen erfährt, was ihm sein jüngster Sohn angetan hat, verflucht er ihn und segnet die beiden anderen.

Joels Warnung an die Trunkenen, dass sie erwachen sollen, legt den Fluch auf die Vergangenheit derer, die eindringen. „Denn es zieht heraus in mein Land ein mächtig Volk, und dess ohne Zahl; das hat Zähne wie Löwen und Backenzähne wie Löwinnen. Dasselbige verwüstet meinen Weinberg". Noah selbst aber bleibt der geheiligte Patriarch, dem die Schande zugefügt wird. „So stehet der Weinstock auch jämmerlich und der Feigenbaum kläglich…: denn die Freude der Menschen ist zum Jammer geworden". – Auch die christliche Tradition hat die Szene so aufgefasst. In ihrem typologischen Bilderkreis ist die „Schande Noahs" das Gegenstück zur *Verspottung und Dornenkrönung Christi*.

Michelangelo hat diesen Hinweis auf die Dornenkrönung ausdrücklich aufgenommen; er hat diesem Bild – als Gegenstück zum Propheten Joel – die delphische Sibylle zugeordnet (Abb. 3), von der es heißt: „Vaticinatur de Christi coronatione".[19] In einigen der traditionellen Bilderserien der Sibyllen hält die Delphica als Attribut eine Dornenkrone. Die Worte, die ihr von Laktanz zugeschrieben werden, beziehen sich auf die ersten Phasen der Passion: „Dabit ad verbera dorsum suum et colaphos accipiens tacebit".[20] – Michelangelos Delphica trägt kein äußeres Attribut, aber die angsterfüllte Gebärde der Abwehr entspricht dem Wortlaut ihrer Weissagung.

Das Medaillon über der Delphica stellt die Ermordung Abners durch Joab dar (Abb. 3).[21] David hatte Abner von sich gelassen, „dass er mit Frieden weggegangen war",[22] Joab aber rief ihn zurück, und „als nun Abner wieder gen Hebron

19 Émile Mâle: *L'Art religieux de la fin du moyen âge*. Paris 1908, S. 287.

20 Ebd., S. 270.

21 Vgl. Steinmann 1905.

22 2. Samuelis 3, 22–23.

kam, führte ihn Joab mitten unter das Tor, dass er heimlich mit ihm redete, und stach ihn daselbst in den Wanst, dass er starb".[23] Die Geschichte dieses hinterhältigen Mordes ist das typologische Sinnbild für den „Judaskuss".[24]

Wie das Seitenstück eines Tryptichons zum Mittelbild, so verhält sich dieses Medaillon mit dem Sinnbild des Judaskusses zum Hauptbild mit dem Hinweis auf Verspottung und Dornenkrönung. Damit wird aber auch für das zweite Seitenstück – das Medaillon über Joel – die typologische Deutung unausweislich. Es stellt – in erster Lesung – den „Todessturz Jorams" (Abb. 3) dar[25] – die Vergeltung für den Frevel seines Vaters Ahab, der den redlichen Naboth töten ließ, weil er dessen Weinberg begehrte. Von Ahab sagt das Buch der Könige: „Er tat, das dem Herrn übel gefiel, über alle, die vor ihm gewesen waren".[26] Er diente dem Baal und nahm Isebel, die Tochter Eth-Baals des Königs zu Sidon, zum Weib. Der Name dieser Isebel – er hießt „Gräuel der Heiden" – kehrte in der Apokalypse wieder für eine falsche Prophetin, die die „Tiefen des Satans" kennt.[27] Und Isebel selbst war auch eine Hexe: „Deiner Mutter Isebel Hurerei und Zauberei wird immer größer"[28], so rief Jehu dem Joram zu, als er ihn tötete.

Es war auf Isebels Anstiftung, dass Ahab den Mord an Naboth verübte, um seinen Weinberg zu rauben. Wegen dieses Frevels am Besitz des Weinbergs wird Ahab prophezeit, dass seine Nachkommen auf diesem Acker Naboths sterben sollen. Die Erfüllung dieses Wortes ist der Todessturz Jorams, das Thema des Medaillons: „Aber Jehu fasste den Bogen und schoss Joram zwischen die Arme, dass der Pfeil durch sein Herz ausfuhr, und fiel in seinen Wagen. Und er sprach zum Ritter Bidekar: Nimm und wirf ihn aufs Stück Acker Naboths, des Israeliten. Denn ich gedenke, dass du mit mir auf einem Wagen seinem Vater Ahab nachfuhrest, dass der Herr solche Last über ihn hob. „Was gilt's", sprach der Herr, „ich will dir das Blut Naboths und seiner Kinder, das ich gestern sahe, vergelten auf diesem Acker. So nimm nun und wirf ihn auf den Acker nach dem Wort des Herrn."[29]Auf dem Bilde erkennt man den Ritter, der den fallenden Joram packt und ihn auf den Acker wirft.

[23] 2. Samuelis 20, 9–10.

[24] Das Zusammenwirken von „Konkordanz" und „Typologie" wird an diesem Beispiel besonders deutlich: In der Zuordnung der „Ermordung Abners" zum „Judaskuss" schwingt offenbar die Erinnerung an eine andere Mordtat Joabs mit, die Tötung Amasas, (2. Samuelis 20, 9–10), deren Ähnlichkeit mit der Judasszene viel unmittelbarer in die Augen springt: „Und Joab sprach zu Amasa: Friede mit dir, mein Bruder! Und Joab fasste mit seiner rechten Hand Amasa beim Bart, dass er ihn küsste. Und Amasa hatte nicht acht auf das Schwert in der Hand Joabs; und er stach ihn damit in den Wanst, dass sein Eingeweide sich auf die Erde schüttelte, und gab ihm keinen Stich mehr, und er starb".

[25] Vgl. Steinmann 1905.

[26] 1. Könige 16, 30.

[27] Apokalypse 2, 20.

[28] 2. Könige 9, 22.

[29] 2. Könige 9, 24–28.

So deutlich aber der Zusammenhang dieser Sühne für die Bedrohung des Weinbergs mit der Weinbergszene des Mittelbildes und dem Prophetenwort Joels ist, so schwer verständlich ist zunächst der christliche Sinngehalt. Der Todessturz Jorams kommt im typologischen Bilderkreis ebenso wenig vor wie die Hinrichtung Hamans oder die Überwindung des Holofernes. Wie aber diese beiden Bilder durch eine zunächst dunkle Gleichnisbildung auf Gegenstücke bezogen waren, die selbst in der Typologie ihre feste Stelle hatten und dadurch eindeutig auf eine Szene der christlichen Heilsgeschichte hinweisen, so ist zu fragen, ob dieser „Todessturz Jorams“ nicht vielleicht auch auf eine andere Szene anspielt, die als christliches Sinnbild traditionell festgelegt ist. Hier kommt uns eine formale Betrachtung zu Hilfe. Dieses Medaillon, das erste der Reihe rechts, wenn man in die Kapelle eintritt, war offenbar als Gegenstück geplant zu dem letzten der Reihe, dem Bild von der Himmelfahrt des Elias (Abb. 2), das der Altarwand am nächsten ist. Beide stellen – es sind die einzigen Medaillons dieses Gegenstandes – ein Wagengespann dar, und beide sind durch den auffallenden Kontrast des Motivs aufeinander bezogen: Auffahrt an der Altarseite – Absturz an der Eingangswand. Nun weist die Himmelfahrt Elias auf die Himmelfahrt Christi hin. Spielt also vielleicht der Todessturz Jorams, dieses Sohnes der Isebel, des „Gräuels der Heiden“, auf den Sturz des Satans an? Dies würde bedeuten, dass an der Eingangswand die gleiche Beziehung zwischen den Medaillons und den benachbarten Eckfeldern angestrebt wurde, die sich schon für die Altarwand nachweisen ließ.[30] Wie dort das Zeichen der Erlösung und Auferstehung, so greift hier die Symbolik der Satansbesiegung von den Eckfeldern der Querwand auf die Medaillons über.

Gewaltsam wie diese Interpretation zunächst erscheinen mag – sie findet eine auffallende Bestätigung, wenn man sie bis zu Ende führt:

Das Stürzen des Satans, das wir im Gleichnis vom Todessturz Jorams zu erkennen glauben, hat in der Typologie seine feste Stelle: Es bedeutet diejenige Szene der Passion, die unmittelbar auf den „Judaskuss“ folgt: „Die Häscher weichen vor Christus zurück.“

Die beiden Medaillons und das Mittelbild schließen sich jetzt zu einem Tryptichon mit einheitlichem Thema zusammen. Der Verspottung Christi in der Mitte ist an den Seiten der Judaskuss und die Häscherszene zugeordnet. Es sind die Auftakte der Passion. Die Knabenpaare, die die Medaillons halten, sind hier zu Klagegestalten geworden. Ihr Ausdruck ist der einer wehmütigen oder finsteren Trauer: „Die Priester, des Herrn Diener, trauern; das Feld ist verwüstet und der Acker steht jämmerlich … denn die Freude der Menschen ist zum Jammer

[30] Vgl. oben, S. 25.

geworden".[31] Das Prophetenwort von der Bedrohung des Weinbergs bedeutet die Bedrohung Christi.[32]

6 Die Gegenwart Gottes

Das Medaillon über dem Propheten *Jesaja* hat bisher keine zufriedenstellende Deutung gefunden (Abb. 5). Die Szene wird im Allgemeinen – nach dem Vorschlag Steinmanns – als der „Tod des Urias" bezeichnet. Aber Urias, der auf Davids Geheiß in das dichteste Schlachtgetümmel gestellt wurde und dort kämpfend fiel, kann unmöglich der Mann sein, der hier – völlig waffenlos – am Boden liegt und von zwei Männern erschlagen wird. Was sollte hier auch der Mann, der links neben der Totschlagszene kniet und betet? Und was der Reiter, der, in gewaltiger Verkürzung gesehen – wieder ohne sichtbare Waffen – aus dem Hintergrund nach vorne stürmt? Der kniende Mann scheint auf ihn zu blicken.

Borinskis Deutung auf den Selbstmord Sauls – der Kniende soll der Waffendiener sein, und die Männer mit den Keulen und der herausstürmende Reiter seien die Gegner, die Saul töten wollten, aber zu spät kämen – bedarf wohl nicht der Widerlegung.[33]

Die Szene ist weder der Geschichte Davids noch der Geschichte Sauls entnommen, sondern bezieht sich auf einen Wundervorgang aus der Regierungszeit Hiskias, den Jesaja selbst im 37. Kapitel seiner Prophetien schildert. Es ist das größte Exempel für seine Lehre, dass Versenkung im Gebet und nicht äußere Opferdienste von Gott gefordert werden: „Sanheribs Macht wird durch Hiskias' Gebet vernichtet".

Gegen die ausdrückliche Warnung Jesajas hatte sich Hiskias mit den Ägyptern gegen die Babylonier verbündet, hatte auf Götzenanbeter vertraut statt auf die

[31] Joel 1, 9–12.

[32] Die Deutung des Medaillons über der Delphica enthält insofern noch eine Lücke, als das Joabgleichnis für den Judaskuss, gerade weil es unmittelbar auf der normalen Typologie beruht, jene Zwischenglieder vermissen lässt, die beim gegenüberliegenden Medaillon, dem Todessturz Jorams, die Beziehung zu den Eckbildern mit der Symbolik der Höllenfahrt und zum Prophetenwort von der „Bedrohung des Weinbergs" herstellt. Man könnte meinen, die „Bedrohung des Weinbergs" komme in den Morde Joabs selbst hinreichend zum Ausdruck und der Hinweis auf Höllensturz oder Höllenfahrt sei durch die Worte Davids gegeben, mit denen der Joab der Gerechtigkeit Salomon empfiehlt: „Tue nach deiner Weisheit, dass du seine grauen Haare nicht mit Frieden hinunter zur Hölle bringst". (1. Könige 2, 6). Aber diese Zusammenhänge sind viel zu unbestimmt. Wenn die Deutung der Decke so weit vorgeschritten ist, dass wir das System als Ganzes interpretieren können, wird sich herausstellen, dass die Bedrohung unter dem Tor wahrscheinlich eine Nebenbedingung hat, die auf die Höllenfahrt und die Bedrohung des Weinbergs *wörtlich* bezogen werden kann. (Vgl. unten, S. 54).

[33] Karl Borinski: *Die Rätsel Michelangelos. Michelangelo und Dante.* München 1908.

Hilfe des einzigen Gottes. Sanherib rückt mit seiner Heeresmacht heran. Jerusalem, von den Ägyptern im Stich gelassen, soll belagert und ausgehungert werden. In seiner Not ruft Hiskias den Propheten, dessen Rat er nicht befolgt hat, und sucht Rettung im Gebet. Und es heißt: „Da fuhr aus der Engel des Herrn und schlug im assyrischen Lager hundert fünf und achtzig tausend Mann".[34]

Sanherib selbst aber wurde von seinen beiden Söhnen, Adrammelech und Sarezer, erschlagen.

Michelangelo hat in seinem Bilde, wohl dem kühnsten unter allen Medaillons der Decke, drei Szenen dieser Erzählung vereinigt, die räumlich und zeitlich voneinander getrennt sind. Der kniende Mann ist Hiskias, durch dessen Gebet das Wunder bewirkt wird; der Mann, der getötet wird, ist Sanherib; seine beiden Söhne erschlagen ihn. Der Reiter aber, der so gewaltig aus dem Hintergrund hervorstürmt, ist der Vernichtungsengel, der Hiskias die Rettung und Sanherib den Tod bringt. Die Worte: „Da fuhr aus der Engel des Herrn" sind der Text zu dieser Gestalt.

Diesem Sinnbild der Wunderkraft des Gebets entspricht – in dem gegenüberliegenden Medaillon – das Sinnbild der Nichtigkeit des Götzendienstes: Die Baal-Statue wird zerstört.

Zwischen beiden Bildern erscheint als Mittelbild das Heilige Opfer Noahs, durch das er seinen Bund mit Gott begründet (Abb. 5). Die Rätselhaftigkeit dieses Bildes an dieser Stelle wird durch seine Anordnung zwischen den beiden Medaillons noch weiter über das herkömmlich zugestandene Maß erhöht. Man hat sich gewundert, dass Noahs Opfer in der Reihenfolge der Genesisbilder der Sintflut vorangeht, statt ihr nachzufolgen. Nun kommt noch hinzu, dass es als Opferszene dem Text des Propheten Jesaja zugeordnet ist, der alle Opferbräuche als nichtig verwirft. Beide Rätsel wären auf einmal gelöst, wenn man annehmen könnte, dass dies nicht Noahs Opfer sei, sondern ein frevelhaftes Opfer der Gottlosen, die dann von der Sintflut getroffen werden. Und eigentümlicherweise ist dieser Vorschlag tatsächlich von einem Beobachter gemacht worden, der sich nicht einmal um den Prophetentext gekümmert hatte, sondern aus dem Ausdrucksgehalt des Bildes und seiner Stellung in der Reihe folgern zu müssen glaubte, dass es ein Opfer der Sündigen sei.[35] Zum Beleg seiner Auffassung hätte er auf die Zeichnung des „Kinderbacchanals" verweisen können, in der Michelangelo Motive aus der Noahszene wiederaufgenommen hat. Wie in der „Schande Noahs" erscheint hier rechts im Vordergrund ein Trunkener, der verspottet wird, und die Bereitung des Opferfeuers (links oben) zeigt eine auffallende Ähnlichkeit mit unserem Opferbild. Dass aber in dem Kinderbacchanal ein frevelhaftes Opfer gemeint war, geht eindeutig

[34] Jesaja 37, 36–38.
[35] Illustr. Vatican, 1932.

aus den gespaltenen Hufen des Opfertieres und der Verunreinigung des Weins hervor, die sich in der rechten Hintergrundsgruppe abspielen.

Und doch kann nicht der geringste Zweifel sein, dass das Opfer in unserem Mittelbild ein Opfer Noahs ist. Die Gestalt des Patriarchen ist unverkennbar in dem Alten, der hinter dem Altar wie beschwörend die Hand zum Himmel hebt. Außerdem stimmt die Zahl der Figuren genau mit der Genesiserzählung überein. Acht zogen in die Arche – so wird es nochmals ausdrücklich in den Petrusbriefen wiederholt.[36] Und acht sind auch hier an dem Opfer vor der Arche beteiligt, deren geöffnete Tür am rechten Bildrand sichtbar wird.

Auf diese Tür hin ist der Zug der Opfernden ausgerichtet. Der Bewegungsduktus führt eindeutig von links nach rechts. Es ist undenkbar, dass Michelangelo diese Form gewählt hätte für einen Vorgang, der nach dem Auszug aus der Arche spielt. Man vergleiche Raphaels Loggienbild, wo wirklich das „Dankopfer Noahs *nach* der Sintflut" dargestellt ist: Dort ist die Opferszene sinngemäß mit dem „Auszug der Tiere" verbunden, während es bei Michelangelo ein Einzug ist. Die innere Evidenz des Bildaufbaus führt also zu dem gleichen Schluss wie die äußere Stellung des Bildes innerhalb der Reihe der Genesiserzählung: Die Szene spielt vor der Sintflut.

Aber vor der Sintflut – so wird entgegnet – fand kein Opfer Noahs statt. Wohl aber wird vor der Sintflut der Bund zwischen Gott und Noah gestiftet, der dann später durch das Opfer erneuert wird: „Aber mit dir will ich einen Bund aufrichten; und du sollst in den Kasten gehen mit deinen Söhnen, mit deinem Weibe, und mit deiner Söhne Weiber. Und du sollst in den Kasten tun allerlei Tiere von allem Fleisch, je ein Paar" (1. Mose 6, 18–19). Und nach dem Auszug aus der Arche, nachdem Noah sein Opfer dargebracht hat, heißt es wieder: „Siehe, ich richte mit euch einen Bund und mit eurem Samen nach euch, und mit allen lebendigen Tieren bei euch, an Vögeln, an Vieh und an allen Tieren auf Erden bei euch, von allem, was aus dem Kasten gegangen ist, was für Tiere sind auf Erden" (1. Mose 9, 9–10). – Auf diesen Bund mit Gott muss man die aufwärts weisende Gebärde Noahs deuten; und man hat die Wahl, ob man das Bild als Ganzes aus der ersten oder der zweiten Erwähnung dieses Bundes erklären will. Wählt man wegen des Opfers die zweite Erwähnung, so muss man erklären, warum Michelangelo hier, wo der Bibeltext kein Opfer vorschreibt, doch ein Opfer dargestellt hat. Diese Anomalie aus der Konkordanz mit der späteren Stelle herzuleiten, ist möglich – denn solche Übertragungen kommen öfter vor[37] –, aber es ist nicht zwingend. Das Opfer ist der zentrale Vorgang des Bildes und müsste als solcher verständlich sein. Den Schlüssel enthalten die Worte Jesajas, der die Opfer verwirft und Gebete

[36] 1. Petrus 3, 20–21.

[37] Vgl. oben, S. 30, Anm. 24.

fordert: Dieser Gegensatz von Frömmigkeit und Frevel, von Gebet und Opfer, ist in das Bild selbst aufgenommen worden: nicht in der eindeutigen Sprache, die aus dem Prophetentext redet und auch nicht in der schlichen Antithese der Medaillons, sondern in der verhüllten Gleichnisbildung der Typologie. Das Opfer Noahs ist ein Heiliges Opfer, aber die Formen, in denen es sich abspielt, sind ein Sinnbild des Frevels. Die Frau, die neben Noah das Feuer auf dem Altar mit dem Scheite entzündet, hat die rechte Hand wie zur Abwehr erhoben. Diese ominöse Gebärde hat zunächst einen durchaus praktischen Sinn: Die Frau schützt ihr Gesicht vor dem Feuer – genau wie es eines der opfernden Kinder in der Zeichnung des Kinderbacchanals tut. Aber unmittelbar neben der aufwärtsweisenden Gebärde Noahs, dem beschwörenden Hinweis auf den Bund mit Gott, wird diese Gebärde der Abwehr zu einem blasphemischen Ausdruck der Ablehnung: Sie macht verächtlich, was Noah spricht. Und das dies keine künstlich hineingetragene Deutung ist, beweist die monströs wirkende Gruppe der Tiere, aus der der Kopf eines schreienden Esels und eines wild blickenden Stieres hervortritt: „Ochs und Esel erkennen ihren Herrn, aber mein Volk erkennt ihn nicht.“ Das sind die Worte des Propheten Jesaja. Man hat sie in der neutestamentarischen Auslegung von jeher auf Christus bezogen.

Ein frevelhaft Heiliges Opfer ist hier im Sinnbild dargestellt – heilig für die, die den Gott erkennen, frevelhaft aber von denen, die das Opfer ausführen und nicht wissen, was sie tun. Im typologischen Bilderkreis bedeutet die Arche Noahs das Kreuz. Während die Sündigen das Opfer vollziehen, weist der gläubige Hauptmann nach oben: „Wahrlich, dieser ist Gottes Sohn gewesen“. Es ist der christliche Text zur Gebärde des Noah.

Dieser Hinweis auf den Menschensohn, der dem Volke gezeigt, aber von ihm verkannt wird, ist auch der christliche Sinngehalt des angrenzenden Medaillons, über der Eritrea (Abb. 5): In der „Zerstörung der Baalstatue“ drängt sich die Volksmenge um ein Postament und bedroht die Statue eines Menschen, der die Gebärde des Zeigens macht. Es ist ein Sinnbild für das „Ecce homo“. Und auch die Sibylle selbst weist auf eine Stelle des Buches, als sagte sie: „Ecce“ – „In ultima autem etate humiliabitur deus et humanabitur proles divina, jungetur humanitati divinitas“. Die Eritrea, die Prophetin der Menschwerdung Gottes, gilt als die größte aller Sibyllen, und sie ist die einzige, von der Boccaccio in „De Claris Mulieribus“ ausführlich berichtet. In den Illustrationen dieses Buches ist ihr – als Gegenstand dieser Prophetie – die Figur des Gekreuzigten oder des Schmerzensmanns zugeordnet.

Wie ein erklärendes Begleitmotiv ist wieder der Ausdruck der Knaben, die das Medaillon mit dem Sinnbild des „Ecce homo“ befestigen. Der eine blickt in stiller Trauer nach unten, der andere wendet sich zurück mit einem schmerzensvollen Ausdruck der Pein.

Die Knaben auf der gegenüberliegenden Seite sind hierzu als Kontrastmotiv gedacht. An Stelle des qualvoll Zurückblickenden ist ein freudig Vorwärtsdrängender, der den ängstlichen Genossen nach sich zu ziehen sucht. Auch hier weist das Medaillon auf einen Vorgang der Passion. Der betende Hiskias ist der betende Christus, dem am Ölberg der Engel mit dem Kelch erscheint, während die Jünger schlafen.[38] Die Schlachtszene, die diesen Vorgang begleitet, bedeutet den Kampf im Garten Gethsemane.

7 Die Passionslandschaft

„Die Idee tritt als ein fremder Gast in die Erscheinung, und wenn sie sich zu realisieren beginnt, ist sie von Phantasie und Phantasterei kaum zu unterscheiden".[39]

Der Leser, der bis hierher mit Zutrauen, wenn auch mit Zögern, gefolgt sein mag, wird bei dem nächsten Schritt die Empfindung haben, dass sein Glaubenswille auf eine etwas zu harte Probe gestellt wird. Bisher konnten wir uns auf die Texte der Propheten und Sibyllen berufen, die den kleineren Mittelfeldern seitlich zugeordnet sind. Bei den großen Mittelfeldern wird dies unmöglich. Erst wenn die Lünetten gedeutet sind, lassen sich die Querverbindungen aufweisen. Bis dahin müssen wir die kleineren Mittelfelder, die an die großen auf beiden Seiten angrenzen, als Stützpunkt der Deutung verwenden. Aber dies ist nicht so gewagt, wie es auf den ersten Blick scheinen könnte. Wenn die Arche Noahs auf dem Nebenbild das Kreuz bedeutet, so bedeutet sie es auch auf dem Hauptbild. Wir kommen also – phantastisch wie es zunächst klingen mag – zu der Vermutung, dass die große Landschaft der Sintflut der Schauplatz ist für die letzten Stadien der Passion (Abb. 8).

Michelangelo hat sogar hier, als ob er die Absicht verdeutlichen wollte, unter den mordenenden Menschen, die im Hintergrund auf der Arche gelandet sind, eine Gruppe von Männern dargestellt, von denen einer aufwärts blickt, während die anderen mit einer Leiter hantieren – als wären sie die Schergen, die Christus ans Kreuz geheftet haben; daneben eine klagende Frauengestallt.

Auf die Arche zu bewegt sich ein Schiff. Vorne im Bug stehen zwei verwildert aussehende kräftige Männer, die – wie blind getrieben – vorwärts streben. So gehen die beiden Schächer dem verurteilten Christus auf dem Weg zur Richtstätte voran. Ihnen folgt eine Gruppe von Menschen, die einen Mann, der sich an das Boot angeklammert hat, niederschlagen.

Im Vordergrund bewegt sich ein dichter Zug, mühsam Lasten schleppend, einen Berg hinauf. Oben, auf der kahlen Höhe, steht ein einsamer Baum, den eine

[38] Vgl. Henrik Cornell: *Biblia Pauperum*. Stockholm 1925.

[39] Johann Wolfgang von Goethe

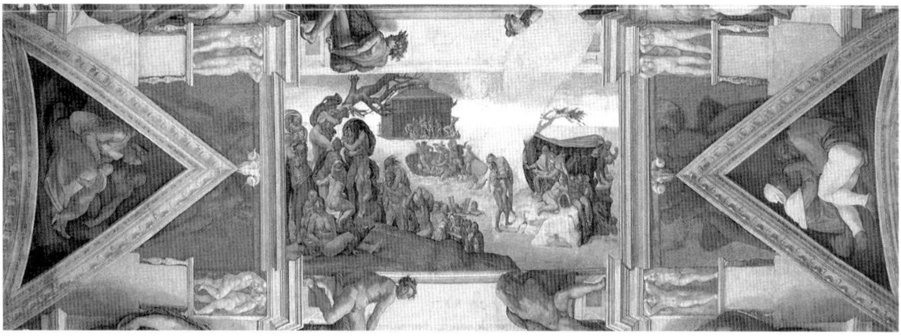

Abb. 8 Die Sintflut

Gestalt umklammert. Zwei andere, vom Rücken gesehen – sie stützen sich gegenseitig –, haben sich halb kniend davor niedergelassen.

Rechts, im Mittelgrund, wird ein Toter von einem älteren Mann zu einer Gruppe von Menschen getragen, die ihm wehklagend die Arme entgegenstrecken. Daneben – noch näher zum Bildrande hin – halten und stützen zwei Männer einen Körper, den sie erschlafft aus dem Wasser gezogen haben. Es sieht aus, als senkte man einen Toten in die Gruft.

Wie das Mittelbild des Triptychons zu seinen Seitenflügeln, so verhält sich diese große Landschaft der Passion zu den kleineren Bildern der „Dornenkrönung" des „gläubigen Hauptmanns mit den Frevlern vor dem Kreuz". Aber alles, was im Hintergrund an den Gang zur Richtstätte und an die Kreuzanheftung, und im Mittelgrund, an die Beweinung und Grablegung erinnern mag, ist eingefügt in den Zusammenhang von Ereignissen, die aus der Tragödie der Sintflut ihre Prägnanz empfangen. Daher wäre es verfehlt, jede Einzelheit auf die Passionsgeschichte beziehen zu wollen. Der jugendliche Mann, der die Frau auf dem Rücken trägt, der ihm folgende Mann mit dem Bündel auf der Schulter und die Frau mit dem Wäschebeutel und der Bratpfanne sind Bilder einer hoffnungslos irdischen Not, nicht Sinnbilder eines göttlichen Opfers. Aber ihnen folgt – mit eigentümlich verklärtem Ausdruck – die Frau, die auf einem verkehrten Holzschemel ihr Küchengerät trägt. Der Mann, der sie begleitet, hat denselben Ausdruck verklärter Trauer. Diese derben, hausbackenen Utensilien mit den Marterwerkzeugen Christi in Verbindung zu setzen, mag sehr gewagt und empfindlichen Seelen abgeschmackt erscheinen, aber die Näpfe und Brote auf dem Holz rufen den Gedanken unwillkürlich wach. Die Brote sind ja „der Leib des Herrn".

Und die ergreifendste aller Episoden – das Bild der bekümmerten Frau, die (eine durch Todesgewissheit verklärte Medea) zwei ahnungslos spielende Kinder hinwegführt – verrät in dem Kontrast von Unschuld und Qual weit mehr als nur psychologischen Scharfblick; denn genau das gleiche Motiv – die inmitten einer

Katastrophe ihrem Spiel selig hingegebenen Kinder – kehrt in der rechts angrenzenden Lünette mit Josias wieder; nur übertragen in das Milieu eines Familienzwists (Abb. 9). Es ist eine Szene häuslicher Zwietracht, wo die Eltern ungestört in zärtlicher Freude sich schnell noch ein Steinchen zum Spielen reichen. In diesem Kontrast von Spiel und Zerwürfnis wiederholt sich der tiefgründige Widerspruch, der die Symbolik des Sintflutbildes beherrscht: Ein grausamer Vernichtungsvorgang nimmt die Zeichen der Versöhnung in sich auf. In dieser Durchdringung offenbart sich ein Mysterium, dessen Sinn erst ganz begreifbar wird, wenn wir die Lünetten verstanden haben. Ich kann ihn hier nur vorgreifend andeuten:

Die Wasser der Sintflut sind die Gewässer des Jordans, an dessen Ufern die Arche Gottes, das Heilige Jerusalem liegt und in dessen Fluten sich das Wunder der Taufe ereignet. Über der Arche erscheint die Taube mit ausgebreiteten Flügeln. Es ist der Vogel des Heiligen Geistes, der über den Wassern der Taufe schwebt. *Die Sintflut ist das Reinwaschen von der Sünde*. Den schuldig gewordenen Menschen trifft sie mit Grauen. Die Kinder aber, die frei von Sünde sind, nehmen an ihr spielend teil wie an einem freudigen Fest.

In einem Altersgedicht hat Michelangelo den Opfertod Christi im Gleichnis einer Weltkatastrophe geschildert, die den Engeln ein Zagen, den Menschen aber nur Freude bringt; denn sie bedeutet die Taufe:

> "Non fur men lieti che turbati e tristi,
> Che tu patissi e non gia lor la morte,
> Gli spirti eletti, onde le chiuse porte,
> Del ciel di terra al huom col sangue apristi:
> Lieti, poiche creato, il redemisti
> Dal primo error di suo misera sorte;
> Tristi a sentir, ch'a la pena aspra e forte
> Seruo de serui in croce diuenisti.
> Onde e chi fusti, il ciel ne die tal segno,
> Che scurò gli ochi suoi, *la terra aperse*,
> *Tremorno i monti, e torbide fur l'acque*.
> Tolse i gran padri al tenebroso regno,
> Gli angeli brutti in piu doglia sommerse:
> *Gode sol l'huom, ch'al battesmo rinacque*."
>
> Michelangelo CLX.

Die Wasser der Sintflut und der Taufe werden schon in der Bibel aufeinander bezogen. Die Petrusbriefe sprechen von „den Zeiten Noahs, da man die Arche zurüstete, in welcher wenige, nämlich acht Seelen, gerettet wurden durchs Wasser hindurch; welches nun auch uns selig macht in der Taufe, die durch jenes bedeutet ist".[40]

[40] 1. Petrus 3, 20–21.

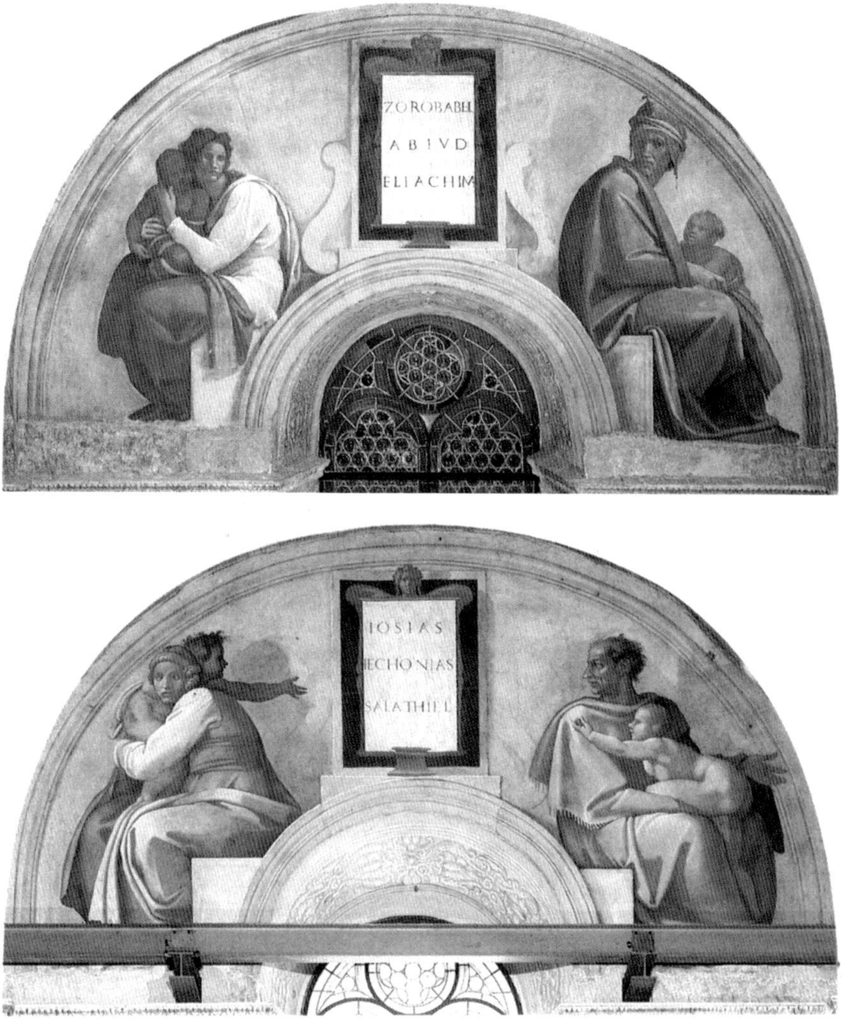

Abb. 9 Zorobabel-Abiud-Eliachim-Lünette und Josia-Jechonias-Sealthiel-Lünette

8 Der Baum des Lebens und des Todes

Man hat oft die Kühnheit bewundert, mit der Michelangelo den Baum des Paradieses wie einen Grenzpfahl zwischen die Szene des Sündenfalls und die der Vertreibung aus dem Paradies gesetzt hat (Abb. 10). Aber man hat keine tiefere religiöse Bedeutung in dieser Anordnung vermutet. Das Staunen galt mehr einem Kunstgriff artistischer Ökonomie.

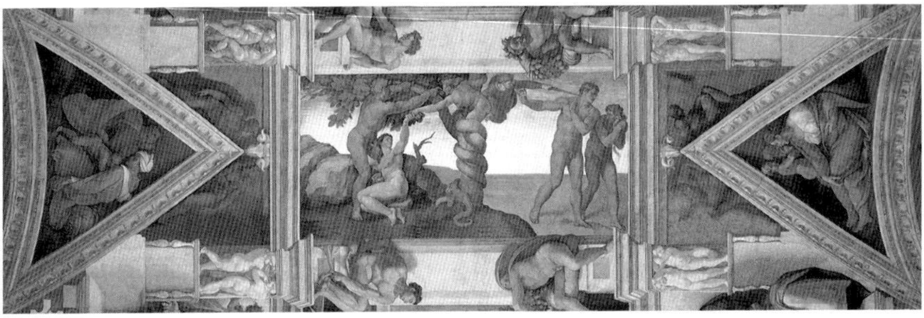

Abb. 10 Die Vertreibung aus dem Paradies

Und doch ist die Vorstellung eines Baumes, der sich lebensspendend mit reichbeladenen Ästen über die Menschengruppe zur Linken ausbreitet, nach rechts aber den Anblick eines abgestorbenen Baumes gewährt, aus dessen Zweigen Zerstörung und Tod hervorgeht, vom Mittelalter bis in die Renaissance- und Reformationszeit den Gläubigen eine vertraute Vorstellung. Es ist der Baum des Paradieses, an dem die Frucht der Sünde wächst, aber aus dessen Holz der Kreuzesstamm Christi genommen wurde, durch den der Sünder entsühnt ist. Oft ist der Baum, der immer in der Mitte des Bildes steht, auf der linken Seite mit dem Kruzifix versehen, auf der rechten (statt mit den abgestorbenen Ästen) mit einem Totenkopf. Links reicht Maria den Gläubigen die Früchte des Lebens und der ewigen Seligkeit, rechts pflückt ihnen Eva den Apfel des Todes und der Verdammnis.

So ist auch in Michelangelos Bild die Krone des Paradiesbaumes gespalten. Nach links werden die Früchte des Lebens gereicht, rechts ist der Engel des Todes. Und man darf es auch nicht als widersinnig empfinden, dass die Früchte des Lebens von der Schlange gereicht werden, die doch den Sündenfall veranlasst; denn wir wissen es schon vom Sinnbild der Ehernen Schlange, mit dem dieses Bild auch formale Ähnlichkeit hat, dass das Zeichen des Übels auch das Zeichen der Heilung ist. Nicht durch Zufall hat Michelangelo hier wie dort das Bild der Schlange, die sich um den Stab oder Baum herumwindet, in die Mitte der Szene gesetzt, und nicht durch Zufall hat er die Gruppen der Verletzten und der Erlösten in scharfer Sonderung links und rechts von dem Mal der Schlange angeordnet.

Freilich ist diesmal das Bild als Ganzes sowohl als Versündigung wie als Erlösungsvorgang aufzufassen. Was in der mittelalterlichen Bildform des Lebensbaums durch schlichte Bildteilung ausgedrückt wurde, wird hier durch die Gleichnishaftigkeit des Bildes erreicht, das einen doppelten Sinn vermittelt: Als Sündenszene aufgefasst, bleibt der Vorgang zur Linken die Verführung durch die Schlange im Paradies, und der Vorgang zur Rechten die Austreibung. Fasst man aber das Bild als Erlösungszeichen auf, so stellt es – genau wie das Bild der Ehernen Schlange –

den Vorgang der Kreuzigung dar. Nach der Legende war das Holz, aus dem das Kreuz gezimmert wurde, von dem Baum mit den Früchten des Lebens; und diese Früchte sind hier zu den Früchten des Kreuzes geworden. Zur Seite des Kreuzes hing der gute Schächer, dem Christus sagte: „Heute wirst Du mit mir im Paradies sein". Auf dieser Seite sind die ersten Menschen, denen die Paradiesesfrüchte gereicht werden. Zur Rechten war der böse Schächter, der Christus verwarf und verworfen wurde. Hier ist der rächende Engel, der die Sünder aus dem Paradies vertreibt. Auch dieses Bild ist – genau wie das der Passionslandschaft – als Mittelstück eines Tryptichons aufzufassen. An das große Sinnbild des Kreuzesstamms, der an der Grenze des Paradieses steht, schließen sich Episoden aus der Tragödie des Kreuzestodes an. Der „gläubige Hauptmann" erscheint im Gleichnis des letzten Noah-Bildes, und das Bild der „Erschaffung Evas", das auf der anderen Seite folgt, wird sich als Sinnbild für die „Seitenwunde Christi" erweisen.

9 Die Fleischwerdung des Gebeins

Dem Bild der „Erschaffung Evas" hat Michelangelo das Mittelfeld der gesamten Decke eingeräumt (Abb. 6). Die Worte Hesekiels, die das Bild erläutern, reden von der Auferweckung der Toten: „So spricht der Herr von diesen Gebeinen: Siehe ich will einen Odem in euch bringen, dass ihr wieder lebendig werdet; und sollt erfahren, dass ich der Herr bin. Ich will euch Adam geben, und Fleisch lassen über euch wachsen, und mit Haut überziehen; und sollt erfahren, dass ich der Herr bin". Mit dieser Verheißung der Totenerweckung stimmt die Bildform der „Erschaffung Evas" überein. Die Gebärde Gottvaters erinnert an die Gebärde Christi, mit der er Lazarus aus dem Grabe erweckt. Evas eigene Haltung ist die einer Betenden.

Diese Gebärde des Betens ist wieder im Einklang mit dem christlichen Sinngehalt des Bildes. Denn die Erschaffung Evas aus der Rippe Adams bedeutet im typologischen Bilderkreis die Seitenwunde Christi, die ihm durch den Lanzenstich des Longin zugefügt wird. Diese Blutspende ist der Höhepunkt und die Vollendung des Erleuchtungswerks. Sie bedeutet die *Geburt der Kirche*.

Dass dieser Passionsvorgang von Michelangelo auch selbst gemeint war, ist in sehr auffallender Weise durch den Charakter der Landschaft bezeugt. Die Erschaffung Evas, die doch mitten im Paradies stattfinden müsste, ist an eine hoffnungslos kahle Stelle verlegt, deren Öde noch verstärkt wird durch den einen abgestorbenen Baum. Man hat bewundert, wie in dem benachbarten Bilde, das den Sündenfall und die Austreibung aus dem Paradies vereinigt, der gleiche Baum, der als astloser Stamm in die öde Landschaft der Vertriebenen hineinragt, auf der Seite des Sündenfalls durch seine Blätterfülle den ganzen Reichtum des Paradieses veranschaulicht. Aber warum fehlt der Paradiesreichtum in einer Szene, die dem Sündenfall noch vorangeht? Dieser kahle Baum ist nicht das Paradies. Es ist die Schädelstätte Golgatha, wo dem toten Christus die Seite geöffnet wird, aus der Blut und Wasser fließen. – Selbst Beobachter, denen jede ikonologische Deutung fernlag, haben dieses Bild mit Worten beschrieben, die einen christlichen Passionsvorgang ahnen lassen: „Adam liegt schlafend gegen einen Felsen, ganz gebrochen wie ein Leichnam mit vorfallender linker Schulter. Ein Pflock im Boden, an dem die Hand gewissermaßen aufgehängt ist, gibt noch weitere Verschiebungen in den Gelenken.[41]

Die Blutspende ist die Geburt der Kirche – die Erschaffung der „Allmutter“, wie Dante sie nannte. Die Kraft dieses Blutes ist die der göttlichen Milch „vis proprium, id est lac de coelo missum“, mit der einst der Heiland selbst genährt ward. So erkennt es die cumäische Sibylle (Abb. 6): „Vaticinatur quo modox virgo lactet puerum“.[42] Sie weissagt von der Milch der Maria, und sie ist selbst – mit ihren gewaltigen Brüsten – ein Sinnbild der „Allmutter“, von der Dante spricht. Denn wie Eva die Urmutter der sündigen Menschheit, so ist Maria die Urmutter der Erlösung und Gnade. Die Einheit beider aber ist die Kraft der Kirche, die der sündigen Menschheit die Gnade vermittelt. Unter der Cumäa sieht man in den Lünetten-Gruppen die Gestalten der Mütter, die ihre Kinder nähren und liebkosen oder in Schlaf wiegen.

Das Medaillon über der Sibylle zeigt ein Sinnbild für die Heilskraft des Sakraments (Abb. 6). Dort kniet der Kaiser vor dem Papst. Es ist der gerechte Heide Trajan, der durch das Mitleid des christlichen Gregor aus dem Fegefeuer erlöst wurde.[43] Auch dies eine „Fleischwerdung des Gebeins“, eine Auferweckung aus Hölle und Tod, aber zugleich auch in noch viel wörtlicherem Sinn ein Hinweis auf das christliche Sakrament; denn die Gruppe erscheint hier in derjenigen Form, in der man die Begegnung zwischen Abraham und Melchisedek darzustellen pflegte, das typologische Sinnbild des *Abendmahls*. Für diese Begegnung des Ritters mit dem Priester, der ihm Brot und Wein zur Labung bringt, sind drei Typen des Zeremoniells entwickelt worden. Ritter und Priester schreiten aufeinander zu, oder beide knien voreinander, oder nur der Ritter kniet und der Priester nimmt ihn stehend bei sich auf. Dies ist die Form, die Michelangelo gewählt hat, denn

41 Mâle 1909, S. 274.

42 In den Zyklen, die zwischen der cimmerischen und der cumäischen Sibylle unterscheiden, wird die Weissagung über die göttliche Milch der cimmerischen zugeschrieben. Für die Gleichsetzung beider vgl. Ferdinand Piper: *Einleitung in die Monumentale Theologie*, Gotha 1867.

43 Borinski hat diese Szene ganz richtig erkannt. Da alle seine übrigen Deutungen nachweislich falsch waren, hat man leider auch diese nicht erst genommen.

sie ist ein sinnfälliger Hinweis auf die Heilskraft des Glaubens, dessen auch die irdische Macht zu ihrer Segnung bedarf.[44]

Auf dem Gegenmedaillon sieht man wieder – diesmal in grimmiger Umdeutung – „auferstandenes Gebein" (Abb. 6). Ein abgeschlagener Kopf und zwei abgehauene Hände hängen über dem Tor einer Festung, vor der eine Schlacht tobt. Die akzeptierte Deutung dieses Medaillons, die auf Steinmann zurückgeht, ist so widersinnig, dass man nur staunen kann, wieso sie überhaupt je – und dazu noch bei Wickoff – Anklang finden konnte.[45] Die Schlachtszene soll die Niedermetzelung der Nachkommen Ahabs darstellen, wobei die abgeschlagenen Köpfe seiner siebzig Söhne in Körben gesammelt wurden. Einen dieser Köpfe will Steinmann in dem bärtigen Haupt über dem Burgtor erkennen. Für die übrigen sei auf einem so kleinen Medaillon kein Platz gewesen. Borinski erwidert: „Für vier hätte es doch gereicht". Aber seine eigene Deutung ist nicht viel glücklicher. Er erklärt die Schlacht für den siegreichen Ausfall der Bethulier, die nach der Rückkehr Judiths das Haupt des Holofernes über dem Burgtor befestigt hatten. Dabei übersieht er neben dem Kopf die beiden abgeschlagenen Hände: Judith hatte sich mit dem Haupt des Holofernes begnügt.

Ich gestehe, dass ich zu derjenigen Deutung, die mir die richtige scheint, durch eine Umkehrung des bisherigen Verfahrens gelangt bin. Unter den Szenen der Passion schien mir eine zu fehlen, die unmöglich ausgelassen sein konnte: die *Kreuzabnahme*. Und als ich nach deren Vorbild im typologischen Bilderkreis suchte, fand ich den Kampf der Israeliten und die Gebeine Sauls, die die Philister als Trophäe am Hause Dagons aufgehängt hatten.[46]

Ohne Zweifel ist dies der Gegenstand des Bildes, und sein christlicher Sinn ist die „Kreuzabnahme".[47]

Als Gegenstück zur Blutspende und zum Abendmahl muss diese *Rettung des Gebeins* verstanden werden. Die Kirche, die das Blut und den Leib des Herrn den Gläubigen als Segenspende darreicht, verehrt und verwahrt in der *Reliquie* das Gefäß der Heiligen Wunderkraft.

44 Eine Medaille, Paul III. von Alessandro Casati, die die Michelangelokomposition fast wörtlich kopiert, überträgt sie auf eine Episode der Alexandersage: Alexander kniet vor dem Priester von Jerusalem (Alfred Armand: *Les médailleurs italiens des quinzième et seizième siècles*. I, Paris 1883, S. 171, No. 4). Die Beischrift lautet: „Omnes reges servient el".

45 Die berühmte Wickhoff'sche Kritik ist in dem Abschnitt über die Medaillons überhaupt ein Fehlgriff des Meisters. Sein Einspruch wendet sich gerade gegen die richtigen Deutungen Steinmanns (Opfer Abrahams, Himmelfahrt des Elias), während er die falschen (Tod des Urias, Niedermetzelung der Söhne Ahabs, Bußpredigt Nathans) gelten lässt.

46 Vgl. Cornell 1925, der in seiner Beschreibung darauf hinweist, dass der abgeschlagene Kopf gewöhnlich an einer Stange erscheint, die über dem Burgtor aus einem Fenster heraushängt.

47 1. Chron. 2 (bzw. 10), 10–12.

Die Stellung der Knaben, die dieses Sinnbild der Kreuzabnahme halten, ist selbst wie ein Sinnbild des gleichen Vorgangs: Wie die Männer, die oben auf der Leiter stehend, den Leichnam Christi vom Kreuz herabnehmen, so halten sie den einen Arm stemmend nach unten, als senkten sie einen Körper vorsichtig hinab.

Auf der gegenüberliegenden Seite blicken die Knaben von ihrer Arbeit auf, als seien sie von außen angerufen worden. Der eine lässt das Medaillon, dass er gerade gefasst zu haben scheint, los und blickt in einer Wendung momentaner Betroffenheit nach außen. Der andere hat den Arm wie zur Abwehr erhoben, sein tiefer milder Blick passt zur Idee der Caritas, die sich in der Sibylle verkörpert. Auf welchen momentanen Ruf diese Knaben horchen, wird durch das Medaillon, das sie halten, deutlich. Beim Abendmahl, dessen Sinnbild hier erscheint, hören die Jünger die Worte Christi und fahren betroffen zurück.

10 Die Überwindung des Tiers

Bei den Bildern jenseits der Mitte wird die Deutung auffallend leichter. Die dreifach überlagerten Sinnbilder verschwinden. An ihre Stelle treten einfache durchsichtige Gleichnisse, die sich entweder der herkömmlichen Typologie direkt bedienen oder schon durch die Komposition ihrer Bildform auf das christliche Gegenstück verweisen.[48]

Niemand, der die bisherige Deutung gelten lässt, und nun zur „Erschaffung Adams“ (Abb. 11) und zum „Schöpfungssegen“ (Abb. 7) das christliche Gegenstück nehmen soll, wird zweifeln, welche Szenen gemeint sind. Das Bild, in dem der erste Mensch von Gott zum Leben erweckt wird, verweist auf das *Bild des Menschensohnes, der vom Grabe aufersteht*. Der seine Schöpfung gesegnete Gott, der hoch über den Wassern am Himmel schwebt, ist ein Gleichnis für die *Himmelfahrt Christi*.

Neben diesem Bilde der „Himmelfahrt“ erscheint die persische Sibylle (Abb. 7). „Videtur vaticinari sub nubilo“.[49] Weil sie aus dunklen Gesichtern weis-

[48] Dass hier ein äußerlich motivierter Planwechsel stattgefunden habe – begründet etwa durch die so gern zitierte „Ungeduld des Papstes“ –, ist ausgeschlossen; denn die mehrfache Durchdringung der Gleichnisse tritt in den Lünetten wieder in ihrer ganzen Fülle und Dichtigkeit auf. Viel eher ist anzunehmen (obwohl ich auch dies nicht als sicher hinstellen möchte), dass von der Stelle ab, an welcher die Passion ihren Höhepunkt erreicht und mit dem Tod und der Blutspende Christi das Erlösungswerk sich vollendet, Michelangelo eine unvermitteltere Sprache für angemessen hielt. Das Geheimnis scheint wie gelüftet. Beim Anblick der Bilder löst sich das ihnen innewohnende Rätsel fast von selbst.

[49] Mâle 1909, S. 287.

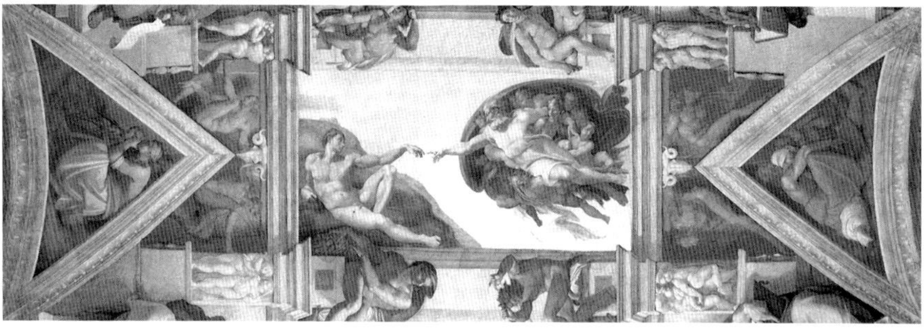

Abb. 11 Die Erschaffung Adams

sagt und die Dinge nur unklar wie durch einen Schleier erkennt, trägt sie auf den herkömmlichen Darstellungen eine Lampe. Michelangelo aber hat sie – ohne Attribut – als mühsam Lesende dargestellt. Die Dunkelheit ihrer Weissagung kommt in den Begleitfiguren zum Ausdruck. Ein Rasender und ein Träumender sind über ihr (denn Somnium und Furor sind die Formen der Divination, die aus den Tiefen des Unbewussten schöpfen).[50] Somnambule sind zu ihren Seiten und hinter ihr, Schlafende in den Lünetten zu ihren Füßen (Abb. 12, Abb. 13). Die Worte, die sie spricht, verkünden die Besiegung des Höllentiers: „Ecce bestia conculcabitur". Darum hat sie auf den üblichen Darstellungen, die ihr eine Lampe in die Hand geben, einen Drachen unter den Füßen. Michelangelo aber hat diesem Worte „bestia conculcabitur" eine paradoxe Auslegung gegeben. Die Sibylle, die von der Überwindung des Tieres redet, hat er dem Mittelbild zugeordnet, wo Gott die Tiere erschafft und segnet. Aber den gleichen Widerspruch lehrt auch Daniel. Nebukadnezar muss zum Tiere werden „mit Haaren so lang wie Adlersfedern und Nägeln so scharf wie Vogelklauen" – ehe er seine Ohnmacht erkennt und Gott ihn segnet. Das Tier ist die rohe Gewalt, aber auch die Demut, und der Mensch, der sich überhebt, mehr als Mensch zu sein, muss herabsinken auf die Stufe des Tieres, damit er in sich selbst das Tier erkennt, seine Demut annimmt und seine Rohheit abstreift. Der Sturz der Anmaßung ist die Lehre Daniels. So erklärt sich auch das Bild im Medaillon (Abb. 7): Wie ein grimmiges Zerrbild des schwebenden Gottes, der seine Schöpfung segnet, hängt Absalom an seinen Haaren am Baum – ein Ebenbild des Nebukadnezar, dessen Haar so lang war wie Adlersflügel. Die wilde Freude der beiden Knaben, die dieses Medaillon befestigen, ist eingegeben durch den Vorgang des Mittelbildes. Sie jauchzen über das Wunder, dass Gott dem Grabe entstiegen und zum Himmel emporgefahren ist. Aber in diesen Jubel mischt sich etwas wie kindliche

[50] Vgl. Cicero: *De Divinatione*.

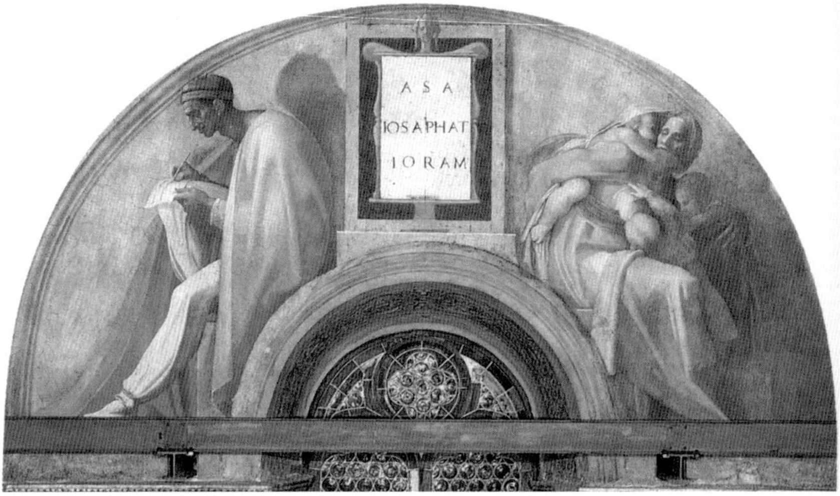

Abb. 12 Asa-Josaphat-Joram-Lünette

Schadenfreude – Genugtuung über das Schicksal des Verräters, der sich an seinen eigenen Haaren erhängt. Denn der Tod des Absalom ist in der Typologie das Sinnbild für den *Selbstmord des Judas*.

Wie ein Komplementärbild zu den jauchzenden Knaben sind die Karyatidenpaare unter ihnen. Hier wird wirklich die Bestie überwunden. Das eine der beiden Kinder hat seinen Kumpanen gepackt und versetzt ihm eine gesunde Tracht Prügel. Das Wehgeheul des Gezüchtigten klingt hinein in den freudigen Jubel, der von oben her ertönt.

Gegenüber aber, über der Persica, befestigen die beiden besessenen Knaben, der träumende und der rasende, ein Medaillon, von dessen Bild heute nichts als ein dunkler Fleck übrig bleibt (Abb. 7). Manche behaupten hier sei immer eine leere Stelle gewesen. „Die Ungeduld des Papstes“ habe Michelangelo an der Durchführung dieses Details gehindert. Aber welch seltsamer Gedanke, dass dieser Unschuld gerade das drittletzte Medaillon zum Opfer gefallen sein sollte! Dass in früheren Jahren hier ein Bild zu sehen war, beweisen die Nachstiche, die an dieser Stelle eine Szene wiedergeben, in der eine Gestalt am Boden zu liegen scheint, während sich eine zweite über diese beugt. Was diese Szene darstellt, ist schwer zu erkennen, denn die Stiche sind im Detail unzuverlässig und unklar. Was aber über die Zeichnung F gesagt worden ist, die angeblich einen Entwurf zu diesem Medaillon enthalten soll, ist nachweislich falsch. Mit den Medaillons der Decke hat sie überhaupt nichts zu tun. Die gibt (wohl in der Form der Nachzeichnung) den Entwurf zu einem der Tondi wieder, die an der Lorenzofassade erscheinen sollten.

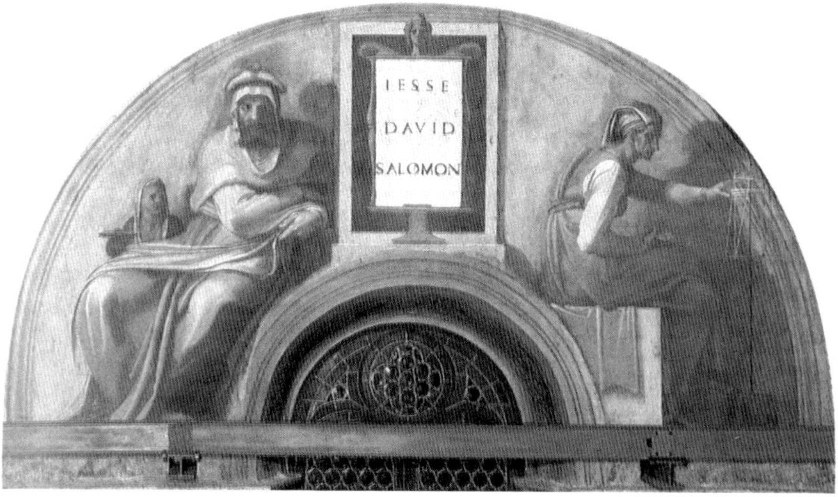

Abb. 13 Jesse-David-Salomo-Lünette

Der Gegenstand ist die „Bekehrung Pauli" – nicht, wie wiederholt behauptet worden ist, die „Eherne Schlange".

So bleibt uns, um das Thema des Medaillons zu rekonstruieren, nur ein indirekter Weg. Aus der Stelle, an der das Bild erschienen war, lassen sich einige Schlüsse auf seinen Inhalt ziehen:

1. Es muss eine Szene gewesen sein, die dem Bilderkreis des Alten Testaments entstammt, aber typologisch auf einen christlichen Vorgang hinweist, der sich *nach dem Abschluss der Passion* ereignet.
2. Die Szene muss in Beziehung gestanden haben zur *Überwindung und Segnung des Tieres.*
3. Sie muss – da sich später zeigen wird, dass die Sibyllen durch ihre Namen auf Weltgegenden verweisen, denen die Szenen der Medaillons im Einzelnen entsprechen – einen Vorgang dargestellt haben, der auf das Land Persien Bezug hat.

Nun gibt es eine biblische Erzählung, die nicht nur diese drei Bedingungen erfüllt, sondern auch noch mit der dunklen Weissagungsform der Sibylle übereinstimmt, dem „vaticinari sub nubilo", das Michelangelo durch ihre schwache Sehkraft veranschaulicht. Es ist die Geschichte des *blinden Tobias.* Seine Heilung erfolgt durch den *großen Fisch*, den der junge Tobias von seiner Wanderung nach Medien zurückbringt, auf der der Engel ihn lehrte, das Tier zu überwältigen, durch Ausräucherung seines Herzens die bösen Geister zu vertreiben und durch die Wunderkraft der Galle dem Vater die Sehkraft wiederzugeben. Der blinde Tobias mit seinem Sohn und dem Engel ist aber, als christliches Sinnbild verstanden, ein Gleichnis für die *Jünger von Emmaus*. Die Gläubigen, die den Heiland erkennen, wären dann das Gegenmotiv zu dem sich tötenden Judas. Zwischen beiden erschien das Bild der Himmelfahrt mit der Gestalt des segnenden Gottes.[51]

11 Die Ausgießung des Lichts

„Ecce veniet dies et illuminabit condensa tenebrarum". Dies sind die Worte der lybischen Sibylle, die das Bild der „Trennung von Licht und Finsternis" begleiten (Abb. 2).

Von allen Sibyllen ist sie die einzige, der Michelangelo ihr herkömmliches Attribut – das brennende Licht – gelassen hat. Es leuchtet hinter dem Buch, das sie ergriffen hat, und zwingt sie, sich geblendet abzuwenden. Auch die Knaben, die über ihrem Haupte das Medaillon befestigen, auf dessen Bild sich der Engel zu Abraham niedersenkt, sind vom Licht getroffen und winden sich wie lichtentwöhnte Wesen am Morgen eines neuen Tages.

Was dieser neue Tag, die Erleuchtung des Dunkels, als Sibyllenwort zu bedeuten hat, als Weissagung innerhalb dieses Erlösungszyklus, bedarf kaum der Erklärung: Der aus den Wolken niederfahrende Gott, der Licht und Finsternis voneinander trennend, den ersten Tag erschafft, ist ein Sinnbild für die Ausgießung des Heiligen Geistes.

Auch Jeremias (Abb. 2) sieht in dem Gegensatz von Tag und Nacht das Zeichen der Auserwählung: „So spricht der Herr: Halte ich meinen Bund nicht mit Tag und Nacht, noch die Ordnung des Himmels und der Erde, so will ich auch verwerfen den Samen Jakobs und Davids, meines Knechtes, dass ich nicht aus ihrem Samen nehme, die da herrschen über den Samen Abrahams, Isaaks und Jakobs". Die Medaillons enthalten die Exempel zu dieser Verheißung der Ewigkeit (Abb. 2). Die Errettung Isaaks ist die Erhaltung des Samens; die Himmelfahrt des Elias aber bezeichnet das Eingehen des Auserwählten in eine zeitlose Welt. Beide Bilder verhalten sich zueinander wie die beiden Formen der Fortdauer diesseits und jenseits der Zeitlichkeitsgrenze: „Perpetuitas" und „Eternitas".

Unter dem Bild der Himmelfahrt des Elias, dem Zeichen der Eternitas, sitzt trauernd der Prophet Jeremias – er selbst wie ein Sinnbild der „condensa tenebrarum", von denen das Licht sich getrennt hat. Warum er als Trauernder das Ge-

[51] Dieses Sinnbild der „*Himmelfahrt*" und das der „*Blutspende*" bilden wieder die Seitenstücke zu einem Tryptichon, in dessen Mitte die „Erschaffung Adams", das Sinnbild der „*Auferstehung*" erscheint.

heimnis der Auserwählung betrachtet, wird sich erst dann erklären lassen, wenn wir mit Hilfe der zugehörigen Lünetten den theologischen Gehalt dieser Gebärde erschlossen haben. Aber schon das Medaillon über seinem Haupte gibt eine vorläufige Erklärung: Elias, der zum Licht emporfährt, lässt die Welt unter sich im Dunkel. Der Gegensinn zur Auffahrt des Gottes ist die irdische Verlassenheit.

Wie verlassene, ganz voneinander getrennte Wesen, sind auch die Genien, die unter dem Propheten erscheinen. Der eine blickt klagend hinab, als drückte ihn die Last der Erkenntnis; der andere sieht gleichgültig zur Seite – kalt und mitleidlos. Das gleiche Motiv wird wieder aufgenommen in den Knaben, die das Medaillon mit Eichenlaub schmücken. Der eine wird fast erdrückt von der Bürde; der andere sitzt untätig da und kommt dem Beladenen nicht zu Hilfe. Sein starrer, glasiger Blick ist in die Ferne gerichtet, als sähe er den sich mühenden Genossen nicht. Es sind Wesen, die voneinander getrennt sind durch undurchdringliche Tiefe der Finsternis. In der „Scheidung von Dunkel und Licht" ist dies die Seite des Dunkels.

Auf der Seite des Lichts aber ist es ein Tag der Erlösung und Beglückung, wie ihn das Abrahamsopfer, das Sinnbild des Erlösungswunders, bezeichnet: Die Gottheit senkt sich zur Erde herab und befreit den Menschen von Sünde und Qual. „Ecce veniet dies et illuminabit condensa tenebrarum".

12 Der Jüngste Tag

Auf dem letzten der großen Mittelfelder ist „die Segnung der Bäume und Pflanzen" mit der „Erschaffung der Gestirne" vereinigt (Abb. 14). Der Hymnen auf dieses Bild gibt es viele und schöne, der analytischen Studien wenige. Die Gewalt seiner Wirkung hat es mit sich gebracht, dass man ihren Bedingungen nicht nachzuforschen wagte, und es lieber bei dem freudigen Erschrecken bewenden ließ. Man pflegt sich Jehova als einen zornesmächtigen Gott zu denken, der durch den Sturmwind und den Donner des Gewitters redet. Als zorniger Gott erscheint er hier. Warum gerade an dieser Stelle?[52]

Michelangelo war auch vertraut mit der Gestalt des milden Gottes: wie er Eva durch eine leichte Gebärde seiner Hand der Hüfte Adams entsteigen lässt,

[52] Die einfachste Art sich dieser Frage zu entziehen, ist den Unterschied der Schöpfungstage auf die allgemeine Formel eines biologischen Ablaufs zu bringen. Der Gott, der auf dem ersten Bild noch ringt und auf dem zweiten schon tobt, hat sich auf dem dritten von der Materie ganz befreit und spendet seine Kraft auf dem vierten nur noch in göttlicher Ruhe. Auf dem fünften ist er schon beinahe milde erschlafft. – Ein für alle Mal: Es ist nicht Michelangelos Art, eine Skala – und sei sie auch weniger banal als die eben geschilderte – in gerader Linie zu durchlaufen. Daher sind alle Erklärungen der Decke, die auf das Prinzip der einfachen Reihung aufgebaut sind, falsch.

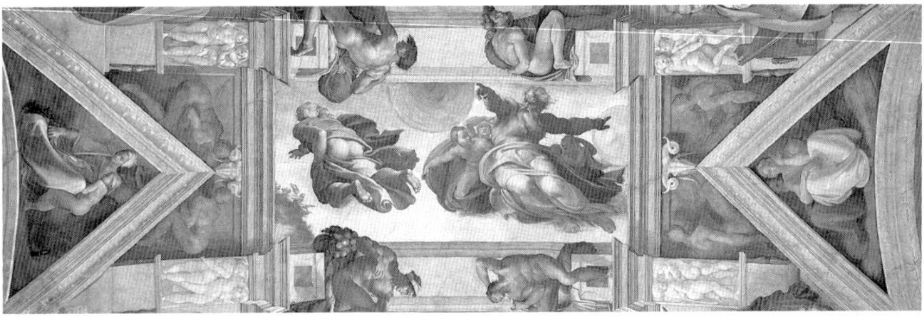

Abb. 14 Die Erschaffung von Sonne und Mond

wie er Adam durch die Kraft seines Fingers belebt, oder wie er sich segnend über die Tiere des Wassers neigt. Warum wird dieser Gott von Eile und Hast ergriffen, wenn er sich den Bäumen und Pflanzen zuwendet? Warum zeigt er sich gerade bei der Erschaffung der Gestirne als der „eifervolle" Gott des zweiten Gebots? Auf Raphaels Loggienbild entschweben Sonne und Mond den Händen Gottes wie Bälle in einem kosmischen Spiel.

Auch in Michelangelos Bild kann der göttliche Zorn nicht den Gestirnen gelten, die er erschafft. Er gilt den Menschen, denen er die Gestirne als Zeichen setzt – als Zeichen, dass das Weltende über sie hereinbricht: Die gewaltigen Erscheinungen von Sonne und Mond soll man gewiss auch dahin deuten, dass die Gestirne eben erst aus dem Nichts von Gott erschaffen worden sind. Aber die Gebärde des Zorns gibt diesen Zeichen noch eine zweite Bedeutung: „Die Sonne soll in Finsternis, und der Mond in Blut verwandelt werden, ehe denn der große und schreckliche Tag des Herrn kommt.[53] Sonne und Mond erscheinen als die Zeichen der Endzeit in fast allen Bibelstellen, die vom Tag des Gerichtes reden.[54]

Aus dem gleichen eschatologischen Geist erklärt sich auch die linke Gestalt dieses Bildes, an der man wieder nur die Kühnheit des künstlerischen Einfalls bestaunt hat, als sei er eine Ausgeburt freier Erfindung. Noch nie glaubte man das Bild eines Gottes in dieser gewagten Rückansicht gesehen zu haben, die in ihrer unbekümmerten Drastik schon beinahe blasphemisch wirkte. Aber man vergaß, dass man gerade in dieser Stellung einen Gott sehr häufig dargestellt sah. Es ist genau die Ansicht, in der man Christus erblickt, wenn er durch das Höllentor hinabfährt, um durch seinen Segen die ersten Sünder dem Satan zu entreißen. So

[53] Joel 3, 3–4.

[54] z.B. Jesaja 13, 10; Matthäus 24, 29.

hat ihn Mantegna im Kupferstich der „Höllenfahrt“ gezeichnet, und der Typus hat sich – wohl durch ihn – wie in Italien so im Norden verbreitet.

Als Höllenfahrtssinnbild ist diese Gestalt des in die Tiefe fahrenden Gottes auch wirklich aufzufassen. Damit stimmt überein, dass in den Zwickeln die dunklen Figuren der Bronzeakte, die sich im Verlauf unserer Deutung als Höllenmächte erweisen werden, gerade an dieser Stelle entsetzt zurückfahren.

Gesetz und Gnade sind in diesem Bilde als zwei Formen der göttlichen Wirkung vereinigt. Der zürnende Gott setzt Sonne und Mond als Zeichen der ewigen Gerechtigkeit. Der verzeihende Gott aber dringt ein in die Tiefe und befreit die Seelen, die in der Vorhölle schmachten. In diesem letzten der großen Mittelfelder verkörpert sich noch einmal wie in einem Schlussatz der Grundgedanke des gesamten Zyklus: Zwischen der Himmelfahrt und der Ausgießung des Heiligen Geistes erscheinen die Zeichen des Jüngsten Tags, der hier, wo die Ewigkeit in ihren Ursprung zurückkehrt, mit dem ersten der Tage zusammenfällt.

13 Religiöse Wiederholung

Es könnte befremden, dass im Plan des Zyklus gelegentlich eine Szene wiederholt wird, die bereits einmal an der Decke vertreten ist: Die „Himmelfahrt Christi“ erscheint in der „Himmelfahrt des Elias“, dem Medaillon über dem Propheten Jeremias, aber auch in dem Mittelbild mit dem Schöpfungssegen. Auf die „Höllenfahrt“ wird in den David- und Judithbildern, aber auch in der „Erschaffung der Pflanzen“ hingewiesen. Der „Kreuzigung“ begegnen wir sowohl in dem Mittelfeld mit dem „Baum des Paradieses“ wie in dem Medaillon mit der Opferung Isaaks, von den Eckfeldern der Altarseite ganz abgesehen. Diese Wiederholungen stehen in engem Zusammenhang mit einem anderen Zug, der gleichfalls auf den ersten Blick befremden könnte: es ist die Verwendung so vieler verschiedener Zeichen für den gleichen Gegenstand. Für das Kreuz allein haben wir schon fünf verschiedene Symbole gefunden: die Arche Noahs, den Baum des Paradieses, die Eherne Schlange, die „Hinrichtung Hamans“, das „Opfer Isaaks“ – alle fünf durch die Tradition beglaubigt, aber in dieser Vielzahl noch für den Blick verwirrend, der Konsequenz der Durchführung zu vermissen glaubt, wo er keine eindeutige Zuordnung wahrnimmt. Trotzdem ist die Wahl der Symbole keineswegs willkürlich. Bei den Mittelfeldern ergibt sie sich aus dem wechselnden Zusammenhang der Genesis-Erzählung (der Baum des Paradieses aus der Geschichte von Adam und Eva, die Arche Noahs aus der Sintflut-Geschichte), bei den Medaillons aus dem wechselnden Inhalt der historischen Episoden, die die Prophetenworte illustrieren, und bei den Eckfeldern aus den großen Exempeln der Rettungen des auserwählten Volkes. Dass aus derartig sinnverschiedenen Zusammenhängen Szenen hervorgehen, die auf die gleiche Heilstatsache verweisen, kann dem typologischen Denken nur willkommen sein; denn es gehört zum Wesen dieser Denkweise, dass sie die Analogien zu häufen sucht, um möglichst viele verschiedene äußere „Zeichen" für die Wahrheit der einen Heilslehre zu besitzen. Kein einziges der Kreuzsymbole, die wir bisher verzeichnet haben, ist von Michelangelo frei erfunden. Selbst die Kreuzigung Hamans – das einzige unter ihnen, das im typologischen Bilderkreis nicht kodifiziert ist – ließ sich auf eine vorhandene Überlieferung zurückführen. Die Verwendung dieser Vielfalt überkommener Zeichen tritt in den Dienst des fundamentalen religiösen Denkzwangs, auf den immer gleichen Gegenstand in den verschiedensten Zusammenhängen hinzuweisen und so den gesamten Überlieferungsbestand als ein einziges Offenbarungswunder aufzufassen. Daraus erklärt sich auch, dass der Künstler, der sich dieses Traditionsgutes bemächtig oder ihm anheimfällt, in einer so beziehungsreichen Welt von Vorstellungen lebt, dass sein traditionsentwöhnter Nachbar oder Nachkomme ihm dorthin nur mit Mühe zu folgen vermag.

Michelangelo hat sich in diesen „Wiederholungen" offenbar nur eine Beschränkung auferlegt. Wo er auf die Passionsvorgänge, wenn auch nur annäherungsweise, in der Form eines geschlossenen Zyklus hinweist – d.h. in den Mittelfeldern, den Medaillons und, wie sich noch zeigen wird, in den Lünetten, (*nicht* aber in den Eckfeldern), dort hat er Wiederholungen der gleichen Szene innerhalb jedes einzelnen Zyklus vermieden. So wird man z.B. die Kreuzigung oder die Himmelfahrt in den Medaillons oder den Mittelfeldern nur je einmal finden. Die Wiederholungen entstehen erst durch die Überschneidung.[55] Andererseits macht es aber die Überschneidung wieder möglich, gewisse Szenen, die in einem Zyklus vorkommen, in dem anderen auszulassen, zumal wo die chronologische Abfolge der Szenen für die Form des Zyklus nicht maßgebend ist. So fehlt z.B. in den Medaillons die „Verspottung" und die „Kreuztragung", in den Mittelfeldern die „Kreuzabnahme". Dass es aber nicht dem Zufall überlassen bleibt, welche Szenen ausgelassen und welche verdoppelt werden, dafür sorgt die Engmaschigkeit des Systems, das den religiösen Sinn der räumlichen Stellen durch Prophetenworte festlegt; wobei die Anordnung der Propheten wieder selbst nicht etwa „frei erfunden" wird, sondern durch die Ritualform des Kappelenraums diktiert ist. Eingangs-, Altarseite und Mittelpunkt haben ihre festen, unvertauschbaren Orientierungswerte. Und sind die Worte und ihre Sinnbilder einmal gewählt, so folgt daraus die Anordnung der Propheten Zacharias, Jonas, Joel, Hesekiel und Jeremias mit absoluter Eindeutigkeit. Ein Wort über die „Bedrohung des Weinbergs" kann nicht an der Altarseite, ein Wort über die „Verheißung der Ewigkeit" nicht an der

[55] Von den vier Mittelfeldern z.B., die sich auf den Kreuzestod beziehen (die Sintflut, Opfer Noahs, Paradiesesbaum, Erschaffung Evas), stellt jedes eine andere Episode dar.

Eingangsseite der Kapelle stehen. Nur für Jeremias und Daniel scheint die Wahl des Ortes nicht von vornherein festzuliegen. D.h. es bleiben zwei Intervalle übrig, die in ihrem Stellenwert aber wieder so absolut unvertauschbar sind, dass die „freie Entscheidung" auch hier sich in einen unabweisbaren Zwang verwandelt.

Nimmt man hinzu, dass aus diesen eng verstrebten Systemen die Bilder der Mittelfelder noch in doppelter Ordnung hervorgehen – in der „Überschneidungsform" der Triptychen der Passion und in der „natürlichen" Reihenfolge der Genesiserzählung, so bleibt wohl nicht viel, was dieses Phantasiegebäude von jenen Wundern architektonischer Erfindung unterscheidet, an denen man in der Kühnheit der plastischen Vorstellungskraft die unfehlbare mathematische Präzision bestaunt.

Dabei ist das größte Wunder noch nicht einmal berührt, da es sich erst mit dem Sinngehalt der Lünetten-Szenen erschließt. Es ist die Zwangsläufigkeit der Gebärdensprache, die den Propheten und Sibyllen eignet, wenn man sie in ihrer Mittelstellung begreift zwischen den Lünettenfiguren und den Szenen der Hauptbilder und Medaillons.

14 Das Weltreich der Sibyllen

a. Die Weltgegenden

Aus der Auswahl und Anzahl der Sibyllen folgerte Justi[56] – einer der wenigen zwingenden Schlüsse dieses eingebungsreichsten aller Michelangelo-Bücher –, dass sie wahrscheinlich „die Fünf Nationen und Erdteile oder Länder repräsentieren". – Die Aufteilung fällt nicht schwer. Die Cumäa bedeutet Rom, die Delphica Griechenland, die Libyca Ägypten, Persica bezeichnet das mittlere und östliche Asien, die Eritrea die west-asiatischen Länder: (Die beiden Männer, die in den Lünetten unmittelbar unter der Eritrea erscheinen, sind, wie sich später zeigen wird, ein Araber und ein Hebräer.)

Justi erkannte auch, dass die Sibylle Roms, die Cumäa, den Platz in der Mitte der Decke erhalten hatte, und er vermutete – ohne Zweifel mit Recht –, dass die tiburtinische Sibylle wohl schon deswegen fehle, weil die Einführung einer zweiten Sibylle für Rom dem geographischen Anordnungsprinzip widersprochen hätte. Darüber hinaus weist er jeden Gedanken eines Programms für die Anordnung der Sibyllen von sich. „Ihre Verteilung zwischen den Propheten geschah lediglich nach Gesetzen der Eurhythmie", was nicht ganz verständlich ist, da ja gerade die Eurythmie ungestört geblieben wäre, wenn auf dem Schild, das den Namen „Liby-

[56] Carl Justi: *Michelangelo. Beiträge zur Erklärung der Werke und des Menschen*, Leipzig 1900, S. 85.

ca" trägt, der Name „Delphica" gestanden hätte – und umgekehrt. Justi setzt unbewusst (und wieder mit Recht) voraus, dass zwischen Name, Gebärde und Platz der Sibylle ein – wenn auch dunkler – Zusammenhang besteht, sodass man die Eritrea nicht als Cumäa, und die Libyca nicht als Persica ansprechen kann. Diesen Zusammenhang aufzudecken, gibt es aber zunächst kein anderes Mittel, als – unserer Methode gemäß – „typographisch" vorzugehen, d. h. den Beziehungen nachzuspüren, die an demjenigen Ort der Decke, an dem die Sibylle erscheint, zusammenlaufen und sich dort an ihren Namen knüpfen.

Über dem Haupt jeder Sibylle erscheint ein Medaillon, dessen Gegenstand wir bereits gedeutet haben. Die Logik der Zuordnung springt sofort in die Augen. Die einzige römische Szene unter allen – die Erlösung des Kaisers Trajan durch den Papst Gregor – gehört zur Cumäa, der Sibylle Roms (Abb. 6). Die „Zertrümmerung der Statue des Baal" gehört zur Sibylle Vorderasiens, der Eritrea (Abb. 5). Abraham, der „Fremdling in Ägypten" erscheint über der lybischen (Abb. 2), und Tobias, der mit dem Engel nach Medien wandert, über der persischen Sibylle (Abb. 7).

Nur das Medaillon über der Delphica scheint sich noch nicht diesem Zusammenhang einzufügen (Abb. 3). Was die Ermordung Abners durch Joab mit Griechenland zu tun haben soll, ist nicht einzusehen, und doch ist es auffällig, dass gerade in diesem Medaillon (wenn man dem Nachstich trauen darf) das Tor, das den Ort der Szene bezeichnet, die Gestalt eines klassischen Portikus hat. Wir wiesen schon oben (S. 34, Anm. 32) darauf hin, dass in unserer Deutung dieses Medaillons eine Lücke auszufüllen blieb. Die Szene bedeutet (nach der Typologie) den Judaskuss, aber es fehlt das Tertium, das – wie auf dem Medaillon der Gegenseite, wo der Todessturz Jorams dargestellt war – die Beziehung zum Prophetenwort von der Bedrohung des Weinbergs und zu dem Eckbild mit dem Gleichnis der Höllenfahrt herstellte.

Ich teile im Folgenden eine Deutung mit, die diese noch fehlende Verbindung knüpft und zugleich die Zuordnung der Szene zur griechischen Weltgegend erklärt. Die Hypothese ist freilich viel gewagter als die der übrigen Deutungen, und ich möchte daher für sie nicht den gleichen Grad der Gewissheit in Anspruch nehmen.

b. Das Torwunder des Paulus

Vergleicht man – unter Zuhilfenahme des Nachstichs – die beiden Figuren des Medaillons, so fällt auf, dass Abner, der doch in der biblischen Geschichte ein Krieger wie Joab ist, hier als würdiger Mann mit langem Bart und einem weiten Mantel erscheint, während Joab, der hinter dem Tor lauert, mit Helm und kriegerischem Wams bekleidet ist. Selbst in den Resten des bemalten Medaillons ist dieser Unterschied der Kleidung zu erkennen. Abners Arm ist in seinen Mantel eingehüllt und dieses Gewandstück reicht rechts im Rücken fast bis zur Erde hinunter und wird links in weitem Bogen emporgerafft.

Wir stehen hier vor einer ähnlichen Aufgabe der Rekonstruktion wie bei dem zerstörten Medaillon über der Persica. Es gilt, einen biblischen Vorgang aufzufinden, der die folgenden Bedingungen erfüllt:

1. Die Szene muss unter einem Tor spielen und formal dem Bildschema von „Joab und Abner" entsprechen (genau wie etwa über der Cumäa die Sonne zwischen Gregor und Trajan dem Bildschema von „Abraham und Melchisedek" entsprach).
2. Sie muss auf das Prophetenwort von der Bedrohung des Weinbergs Bezug nehmen.
3. Sie muss auf das Motiv der „Höllenfahrt" anspielen.
4. Die Szene selbst oder ihr Held muss mit Griechenland in Zusammenhang stehen.

Ein Thema, das alle diese Bedingungen erfüllt, ist das *Torwunder des Paulus.*

Dieses Torwunder, durch das Paulus den Statthalter, der ihn bedroht und nicht einlassen will, von der ihm innewohnenden Wunderkraft überzeugt, schließt sich unmittelbar an seine *Höllenfahrt* an und wird bewerkstelligt durch einen Holzsplitter, den er aus der Hölle[57] mitgebracht hat.

Diese Höllenfahrt Pauli wird ausdrücklich von Dante erwähnt; und Dante ist es wieder, der Paulus im „Paradies" als *„Hüter des Weinbergs"* bezeichnet. Nimmt man hinzu, dass gerade Paulus als *Apostel der Griechen* über der Delphica sinnvoll seine Stelle erhalten konnte und dass der Kopf der Figur im Nachstich mit dem Gesichtstypus des Apostels gut übereinstimmt, so wird die Deutung zwar nicht als gesichert, aber doch als sehr wahrscheinliche Hypothese gelten dürfen. Die dreifache Überlagerung der Bildthemen (Torwunder des Paulus – Abner und Joab – Judaskuss) ist dann die gleiche wie im gegenüberliegenden Medaillon (Tod des Joab – Satansturz – die Häscher weichen vor Christus zurück). Auch stimmt es mit dem Medaillon der vier anderen Sibyllen überein, dass die Weltgegend nur durch eines der sich überlagernden Bildthemen verkörpert wird (wie z.B. über der Cumäa durch „Trajan und Gregor", nicht durch „Abraham und Melchisedek").

c. Rom und Jerusalem

Die Bezeichnung der Weltgegenden durch die Sibyllen greift nicht nur auf die Medaillons über, sondern bezieht auch die Propheten ein. Jeder dieser Propheten

[57] Vgl. Josef Kroll: *Gott und Hölle. Der Mythos vom Descensuskampfe* (Studien der Bibliothek Warburg 20), Leipzig 1932.

ist durch seine Weissagung oder durch sein persönliches Schicksal einer dieser Weltgegenden verhaftet. Gegenüber der Libyca erscheint Jeremias, der gegen die Rückkehr nach Ägypten predigt (Abb. 2). Daniel, der unter dem Perserkönig Darius in den Feuerofen geworfen wurde, erscheint gegenüber der persischen Sibylle (Abb. 7). Jesaja, der den Untergang von Sidon und Tyros weissagt, ist der Eritrea zugeordnet (Abb. 5), und Joel, der gegenüber der Delphica erscheint, ist der einzige Prophet, in dessen Text die Griechen ausdrücklich genannt werden (Abb. 9).

Selbst Hesekiel, der – in der Mittelachse der Decke – als Gegenspieler der cumäischen Sibylle erscheint (Abb. 6), verweist – in einem freilich übertragenen Sinn – auf die römische Weltgegend: Er ist der Prophet der Ewigen Stadt. In mehr als hundert Versen verkündet er den Bau des Tempels und beschreibt in genauen Zahlen und Maßen die Räume, die zum Lob der Herrlichkeit Gottes errichtet werden sollten. Ist es Zufall, dass dieser Auferweckungsprophet in der Rolle des gewaltigen Bauherrn gerade in der Mitte der Decke erscheint und deutlich als Chorführer der Sibyllen und Propheten gekennzeichnet ist?

Das Heilige Jerusalem, von dessen Tempelbau er redet, wird durch die Zuordnung zur römischen Sibylle zum Sinnbild des Heiligen Rom. Über der Sibylle zeigt das Medaillon das Bild des Erlösung verleihenden Papstes.

III Das Leben Jesu im Gleichnis der Vorfahren

(Die Lünetten und Stichkappen)

15 Der Stammbaum Christi

Seit Vasari an den Figuren der Lünetten den Reichtum der Positionen, der Berufs- und Altersstufen gerühmt hat, ist allgemein als sicher unterstellt worden, dass diese Gruppen freie Phantasien seien – Genrebilder aus dem Florentinischen Volksleben. Selbst Justi bezeichnet diese Menschen als „namenlos" – obwohl doch gerade ihnen die Namen der Vorfahren Christi ausdrücklich beigeschrieben sind. Wieder andere versichern, Michelangelo habe sich hier, wo ihm „nur Namen" gegeben waren, an kein Programm gebunden gefühlt. Aber sind Abraham, Isaak, Boas, sind David und Salomon „nur Namen"? Und ist es wahrscheinlich, dass Michelangelo den Tafeln, die diese Namen tragen, Figuren beigefügt hätte, die zu ihnen nicht die geringste Beziehung haben?

Eine eindeutige Zuordnung von Namen und Figuren ist ohne Zweifel geplant gewesen; das geht schon daraus hervor, dass die Namenstafeln manchmal drei, manchmal zwei, in einigen Fällen sogar nur einen Namen tragen, und regelmäßig lässt sich die gewählte Zahl mit den ihr zugeordneten Gruppen in Verbindung setzten. Man muss sich nur die einfachen Fragen vorlegen: Wie viele Generationen sind auf den einzelnen Lünetten dargestellt? Und befindet sich über der Lünette eine Stichkappe? – Für die Lünetten der beiden Längswände ergeben sich dann zwei Regeln der Zuordnung:

I. Wo Stichkappen über den Lünetten erscheinen, bezieht sich der erste Name immer auf die Stichkappe. – II. Wo innerhalb der Lünetten zwei Generationen (Eltern und Kinder) dargestellt sind, bezieht sich ein Name auf die Eltern, ein zweiter auf die Generation der Kinder. – Die möglichen Variationen lassen sich daraus vollständig ableiten:

1. *Drei Namen* auf einer Tafel finden sich regelmäßig dort, wo über der Lünette *eine Stichkappe* ist und in der Lünette *zwei Generationen* erscheinen (z.B. „Asa – Josaphat – Joram").
2. Wenn eine Tafel *zwei Namen* trägt und über der Lünette *eine Stichkappe* ist, so zeigt die Lünette selbst nur *eine Generation* (z.B. „Roboam – Abias").

3. Wenn eine Tafel *zwei Namen* trägt und über der Lünette *keine Stichkappe* ist, so erscheinen in der Lünette *zwei Generationen* (z.B. „Azor – Sadoch" oder „Achim – Eliuth").
4. *Einen einzigen Namen* tragen nur diejenigen Lünetten, die *keine Stichkappe* über sich haben und selbst nur *eine Generation* zeigen (z.B. „Nasson" oder „Aminadab").

Die Hauptfiguren der Lünetten – d.h. die Männer, die der Familie den Namen geben – lassen sich danach eindeutig benennen. Der alte Mann neben der Namenstafel, die mit „Jesse" beginnt, ist David, der Schreiber neben der Namenstafel „Asa"[58] ist Josaphat. Der nachdenkliche Greis neben der Tafel „Ezechias" ist Manasse, und der zankende Ehemann neben der Tafel „Josias" ist Jochonias. Ebenso ist Abias der Name des Mannes, dessen zusammengesunkene Gestalt neben der Namenstafel „Roboath" erscheint, und Boas ist der grimmige alte Pilger in der Lünette mit der Namenstafel „Salomon" usw.

Für die beiden Lünetten der Altarwand – ihre Gestalt lässt sich aus den Nachstichen erschließen – gilt die gleiche Regel; nur dass zwei Familien auf je einer Lünette vereinigt sind. Stichkappen sind nicht vorhanden. Wo vier Generationen erscheinen (von Abraham bis Judas), sind daher auch vier Namen auf der Tafel zu sehen. Wo hingegen drei Namen sind (Phares, Esrom, Aram), sind auch nur drei Generationen.

Die einzige Ausnahme findet sich auf den Lünetten der Eingangswand. Dort enthält jede Lünette wieder zwei Familien, aber obwohl beide Familien aus Eltern und Kindern bestehen, tragen die zugehörigen Namenstafeln nur zwei Namen. Die Zuordnung ist aber auch hier ganz eindeutig. Eleazar ist der Mann der Frau, die das Kind auf ihren Kienen hüpfen lässt, Mathan der Name des schönen Jünglings, der selbstgefällig ein Bein über das andere legt. Jakob heißt der vornübergebeugte alte Mann mit den weitaufgerissenen Augen neben dem die abgehärmte Frau erscheint, und Joseph ist der Name des wiederum sehr alten Mannes, der zwischen der jungen Frau und zwei spielenden Kindern sitzt.

Betrachtet man die Anfangs- und Endgruppe der Lünettenreihe – d.h. die „Abraham" genannte Figur an der Altarwand und die „Joseph" benannte Figur an der Ausgangswand, so kann gar kein Zweifel darüber sein, dass diese Namen ganz wörtlich gemeint sind. Der alte Mann, der einen Knaben auffordert, ein Bündel Opferholz auf die Schulter zu nehmen, ist wirklich *Abraham*, der sich mit Isaak aufmacht, um das von Gott verlangte Opfer darzubringen.[59] Und ebenso ist

[58] Der Einfachheit halber benenne ich die Tafeln nach dem ersten Namen.

[59] Dies hat schon Justi erkannt; aber weder er noch die, die ihn zitieren, haben daraus irgendwelche Schlüsse für das Gesamtprogramm der Lünettenreihe gezogen.

Joseph nicht irgendein beliebiger Name, sondern er bezeichnet wirklich den Mann der Maria und den Pflegevater Jesu, d.h. den letzten in der Reihe der Vorfahren Christi. Das dazugehörige Bild ist eine Heilige Familie, in der Jesus und Johannes miteinander spielen.

Wie genau aber auch für die ganze übrige Reihe Michelangelo den Stammbaum Christi vor Augen gehabt hat, geht aus einem sehr eigentümlichen Detail hervor, das Justi unvollkommen beobachtet und daher für reinen Zufall erklärt hat. Es ist der plötzliche Richtungswechsel in der Anordnung der Namen, der an der Stelle einsetzt, wo im Mittelgrund das Bild der Sintflut erscheint. Das folgende Schema gibt jeder Namenstafel die Ziffer, die ihrer Stelle im Stammbaum entspricht, und ordnet diese Ziffern nach der Verteilung der Tafeln (und damit der Lünetten) im Raum.

Der Umbruch liegt zwischen dem zehnten und dem elften Bild. Der Name, bei dem die Richtungsänderung beginnt, ist der des Königs Josiah, und gerade dieser Name ist auch im Stammbaum Christi hervorgehoben. Denn während bis zu Josiah die Namen der Generationen in trockener Aufzählung aneinandergereiht werden (Abraham zeugte Isaak, Isaak zeugte Jakob, Jokob zeugte Judas usw.), wird diese einfache Abfolge bei Josiah unterbrochen: „Josiah zeugte Jechonia und seine Brüder um die Zeit der Babylonischen Gefangenschaft. Nach der Babylonischen Gefangenschaft zeugte Jechonia Sealthiel". – Dann erst läuft die Reihe wieder einfach weiter (Sealthiel zeugte Zorobabel, Zorobabel zeugte Abiud, Abiud zeugte Eliachim usw.)

Das Babylonische Exil wird also in der Generationenfolge als Wendepunkt hervorgehoben, und diesen biblischen Akzent hat Michelangelo wörtlich wiederholt. Damit erhält das Mittelbild mit der Sintflut auch eine Bedeutung im Zusammenhang der Geschichte der Vorfahren Christi: „An den Wassern Babylons, da saßen wir und weinten". Der Zug der Armen, die, ihre Habe auf dem Rücken, den Berg ersteigen, gewinnt jetzt wieder einen ganz wörtlichen Sinn: Es sind Auswanderer, die eine neue Heimat suchen, die Toten hinter sich lassend in dem verwüsteten Land. Das Heilige Jerusalem – die Arche Noahs – wird zum Schauplatz von Raub und Mord.

Für die Deutung der Gesamtreihe sind durch diese Beobachtungen zwei Anhaltspunkte gewonnen:

1. Ein geschichtliches Schema liegt der Reihe zugrunde.
2. Es besteht ein Zusammenhang zwischen den einzelnen Lünetten und den ihnen zugeordneten Mittelbildern.

Der Durchführung der Deutung nach diesem Plan steht aber zunächst dasjenige Hindernis im Wege, das bisher überhaupt von jedem Versuch einer begründbaren Deutung abgeschreckt hat: Im Stammbaum Christi kommen einige Namen vor, von denen die Bibel sonst nichts berichtet. Wie können diese scheinbar bedeutungslosen Worte zum Thema von Bilddarstellungen werden?

Das oben beschriebene Schema der Zuordnung bot die Möglichkeit, diese dunklen Namen auf die Stichkappen oder die Kindergruppen der Lünetten zu verteilen und so die Hauptschemen für die historisch bekannten Personen aufzusparen. Aber offensichtlich hat sich Michelangelo dieser Ausflucht nicht bedient. Es fällt auf, dass einige der größten historischen Namen (Josias, Zorobabel, Ezechias, Salomon) in die Stichkappen oder in die Kindergeneration der Lünetten verwiesen worden sind. Und umgekehrt sind mehrmals die dunkelsten Namen (Aminadab, Naason, Eleazar, Nathan) gerade den Hauptfiguren zugeschrieben.

Die Verwendung oder Verwerfung des historischen Stoffs hing offenbar ab von der Möglichkeit, ihn zum Gleichnis einer Episode aus der Lebensgeschichte Jesu auszugestalten; dies ist der geheime Sinn dieser Bilderreihe: dass in der Geschichte der Vorfahren Jesu seine eigene Lebensgeschichte präformiert erscheinen sollte. Die Prophetie ist hier – im wahrsten Sinne des Wortes – zum Spiel der Zukunft geworden. In der Abfolge der Generationen stellen sich die Hauptetappen des Heiligen Lebens, auf das sie hinführen, dar.

Wer dies einmal erkannt hat und die Lünetten im Einzelnen zu erklären sucht, befindet sich genau in der Lage, die Gauß für seinen mathematischen Arbeitsprozess als typisch sah: dass das Ergebnis klar ist und man sich nur den Kopf zerbricht, auf welchem Weg man dazu gelangen kann. Anders ausgedrückt: Die *erste* Lesung dieser Lünetten, die Erschließung dessen, was sie *unmittelbar* darstellen, ist viel schwerer als die *zweite* Lesung, der Nachweis ihrer übertragenen Bedeutung.

Zwei Grundsätze sind, soweit ich sehe, für die „erste“ Gestaltung der Szene maßgeblich gewesen:

1. Wo historische Charaktere durch die Namen als Hauptfiguren gekennzeichnet sind, ist eine Szene aus ihrem Leben dargestellt. Dies hat sich schon bei der ersten und letzten Lünette (Abraham – Joseph) bewährt und wird sich auch bei den anderen bewähren.
2. Wo unbekannte Namen das Thema bilden, illustriert die Szene einen Bibelspruch.

Die Stichkappen bilden insofern eine Ausnahme, als alle acht (trotz der historischen Namen, die in ihnen vorkommen) in die *zweite* Gruppe gehören. Sie stellen die *Seligsprechung der Armen* dar.

Die Lünetten aber teilen sich deutlich in zwei Klassen. Unter den 20 Gruppen beziehen sich acht auf *historische* Szenen, die übrigen illustrieren *Bibelsprüche*. Die Verteilung zeigt eine auffallende Symmetrie. Wie die erste und die letzte Szene (Abraham, Joseph), so haben auch die sechs mittleren (von Boas und David bis zu Jonathan und Manasse) ein historisches Thema erhalten. Die Bibelsprüche aber verteilen sich auf die beiden verbindenden Gruppen (von Phares bis Aminadab, und von Josiah bis Jakob). Die Hauptakzente in dieser Anordnung entsprechen den Hauptepochen der jüdischen Geschichte, die die Bibel selbst in dem Kapitel über den Stammbaum Christi unterscheidet:

1. Von Abraham bis David
2. Von David bis auf die Babylonische Gefangenschaft
3. Von der Babylonischen Gefangenschaft bis auf Christus.[60]

Die Lünette, in der das Bild Davids erscheint, ist dem ersten großen Mittelbild, der „Erschaffung der Gestirne“ zugeordnet; und in dieser Achse setzt in den Lünetten die mittlere Gruppe mit den historischen Themen sein.

Die Lünetten, die auf die Babylonische Gefangenschaft verweisen, sind dem letzten großen Mittelbilde, der Sintflut, zugeordnet; und in dieser Achse setzt in den Lünetten die letzte Gruppe der Bibelsprüche ein.

Ich erkläre im Folgenden die Lünetten in der Reihenfolge, die der Stammbaum Christi vorschreibt; nur, dass ich die beiden zerstörten Lünetten, die zur Altarwand gehören, an den Schluss setze.

16 Die Geschichte Israels – die Sprüche der Weisen

Aminadab:
„Vergisst doch eine Jungfrau ihres Schmuckes nicht, noch eine Braut ihres Schleiers. Aber mein Volk vergisst mein ewiglich.“ (Jeremias 2, 32). – Auf dem Schoß der sich schmückenden Braut liegt der Schleier. Der Mann hat die Haltung des *Vergessenen*. (Abb. 15)

Naason:
„Wir sehen’s jetzt in einem Spiegel wie in einem dunklen Worte.“ (1. Korinther 13, 12). – Die Frau blickt sinnend in den Spiegel, der Mann hat das dunkle Wort gelesen und grübelt. (Abb. 16)

Salomon – *Boas*[61] – Obeth:
„Boas zeugte Obeth von der Ruth“ (Matthäus 1, 5) (Abb. 17). Die junge Frau, die das Kind im Arm hält, ist Ruth, und Obeth ist der Name des Kindes. Der alte Mann aber, der in der Gestalt eines grimmigen Pilgers vorangeht und sich um die

[60] Matthäus 1, 17.

[61] Der kursiv gesetzte Name bezeichnet immer die Hauptgeneration, das eigentliche Thema der Lünette.

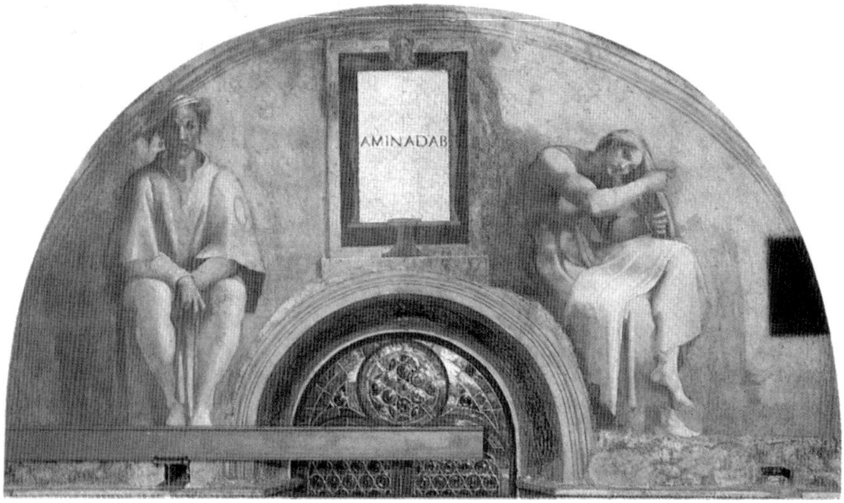

Abb. 15 Aminadaba-Lünette

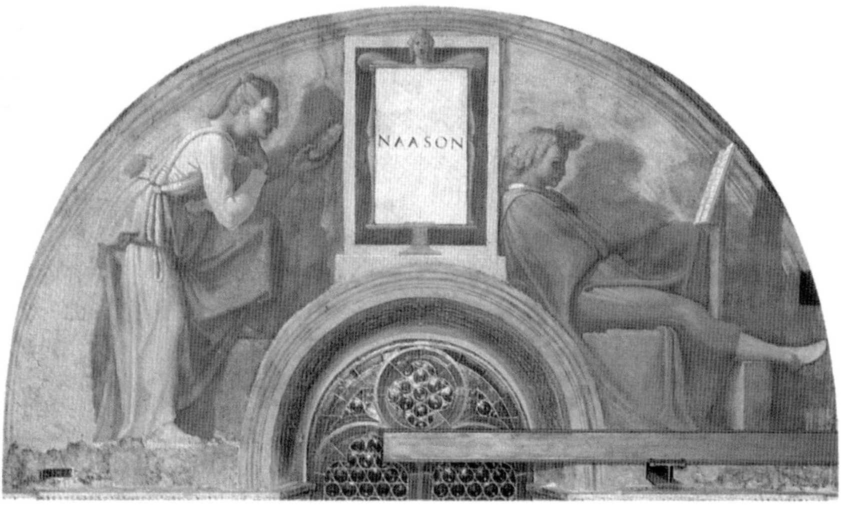

Abb. 16 Nasson-Lünette

Frau und das Kind wenig zu kümmern scheint, ist Boas. Er war sehr viel älter als Ruth – und starb einen Tag nach der Hochzeit.

In dem Mittelbild, das an diese Lünette angrenzt, segnet Gott die Bäume und Pflanzen. – Die Garben des Feldes sind das Motto, das über der Geschichte von Ruth und Boas steht.

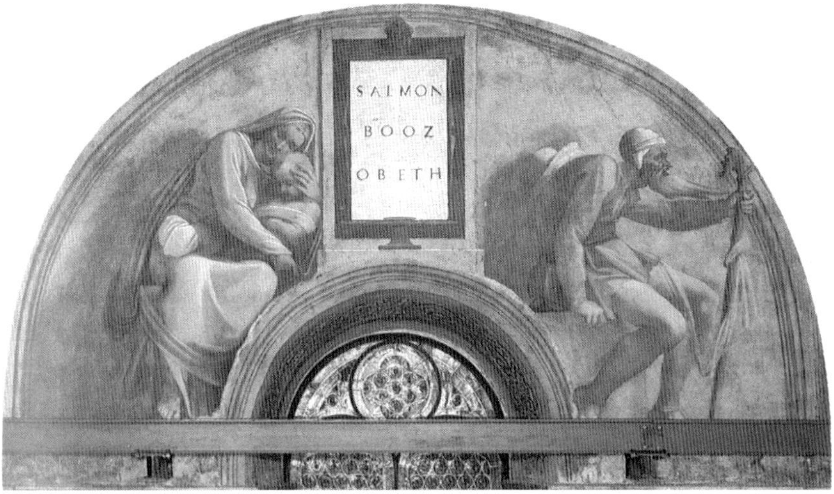

Abb. 17 Salmon-Booz-Obeth-Lünette

Aber die Szene weist offenbar über diese erste Deutung hinaus. Der grimmige Ausdruck des Pilgers passt wenig zur gütigen Natur des Boas'. Und was bedeutet der geschnitzte Kopf seines Pilgerstabs, aus dem ihm das grimassierende Ebenbild seines eigenen Gesichts entgegenstarrt? Dieses „leblose Ding", mit dem er redet, ist der Götze des „abergläubischen Zimmermanns", der die Herrlichkeit der von Gott geschaffenen Bäume missbraucht, um sich aus dem Holz einen Fetisch zu schnitzen.[62] „Er gehet frisch daran unter den Bäumen im Walde, dass er Zedern abhaut, und nehme Buchen und Eichen; ja, eine Zeder, die gepflanzet und die vom Regen erwachsen ist, und die den Leuten Feuerwerk gibt; davon man nimmt, dass man sich dabei wärme, und die man anzündet, und Brot dabei backet. Daselbst macht er einen Gott von und betet es an; er macht einen Götzen daraus und kniet davor nieder. Die Hälfte verbrennt er im Feuer, und über der anderen Hälfte isset er Fleisch, er bratet einen Braten, und sättigt sich, wärmet sich auch und spricht: Hoja, ich bin warm geworden, ich sehe meine Lust im Feuer. Aber das Übrige macht er zum Gott, dass es sein Götze sei". „Und so betet er für seine Güter, für sein Weib, für seine Kinder, schämet er sich nicht, mit einem Leblosen zu reden; und rufet den Schwachen um Gesundheit an, bittet den Toten ums Leben, flehet den Untüchtigen um Hilfe, und den, so nicht gehen kann, um selige Reise; und um seinen Gewinn, Gewerbe und Handwerk; dass es wohl gelinge, bittet er den, so gar nichts vermag".

[62] Jesaja 44, 14–18; Weisheit Salomonis 13, 11–19.

Sobald man in der Figur des Pilgers den „abergläubischen Zimmermann“ erkennt, verbindet sich seine Gestalt mit der des „Vergessenden“ in der benachbarten Lünette, und beide bilden eine Gruppe, über der der trauernde Prophet Jeremias erscheint. Die Frau und das Kind aber, deren Augen wie im Schlaf geschlossen sind, bilden – nach links hinüber – eine Gruppe mit der Figur des zusammengesunkenen Mannes in der nächsten Lünette, der auch zu schlafen scheint; und über dieser Gruppe sieht man die persische Sibylle, die aus dem Dunkeln weissagt.

Jesse – *David* – Salomon:
Unter dem Mittelbild, wo Gott Sonne und Mond erschafft, ist die Tafel mit dem Namen Davids, des Sängers der Psalme: „Die Himmel rühmen des Ewigen Ehre, und seiner Hände Werk erzählt das Firmament“.[63] David ist in hohem Alter dargestellt (Abb. 13) – zu der Zeit als er fröstelte und der Pflege bedurfte und Abisag von Sunam ihm als Genossin und Dienerin beigegeben wurde. Abisag erscheint hier als kleines Mädchen und bringt dem greisen König die Speise. Die alte Frau aber ist Bathseba. Zu der Zeit als David alt war und sich von Abisag von Sunam pflegen ließ, sicherte Bathseba die Thronfolge Salomons.

Aber auch hier weist das Bild über diese erste Deutung hinaus. Man ist nicht gewohnt, Bathseba als uralte Frau zu sehen, die Garn abspult. Und Abisag ist noch ein Kind, viel zu klein, um den Alten zu wärmen. Auch ist die Speise, die das Kind heranbringt, selbst für einen fröstelnden greisen König recht spärlich.

Und doch ist dieses Bild, verglichen mit dem des „abergläubischen Zimmermanns“, ein Inbegriff geordneter Häuslichkeit. Während die Frau den Faden spinnt, versorgt das Kind den Alten.

Roboam – *Abias*:
Wie Sinnbilder von Geburt und Tod erscheinen die Figuren der Lünetten, die der „Erschaffung Adams“ zugeordnet sind (Abb. 18): zur Rechten der zusammengesunkene Mann – ein Toter oder Schlafender, den ein dunkler Genius begleitet, zur Linken eine schwangere Frau in der Qual des Gebärens. Von dem König Abias erzählt die Bibel, dass er sehr kriegerisch war und jung im Felde umkam. Seine Regierung dauerte nur drei Jahre. Sein früher Tod und seine große Nachkommenschaft bilden den Kern des biblischen Berichts: „er nahm 14 Weiber und zeugte 22 Söhne und 16 Töchter.“ Michelangelo nahm diese zwei Motive auf: die Fruchtbarkeit und den frühen Tod. Das Bild zeigt die schwangere Frau neben dem toten Mann.

Ein Erzählungstypus der Bibel liegt dieser Bildform zugrunde: Die Frau gebiert in dem Augenblick, in dem sie die Nachricht vom Tode des Mannes erhält.

[63] Psalm 19, 2.

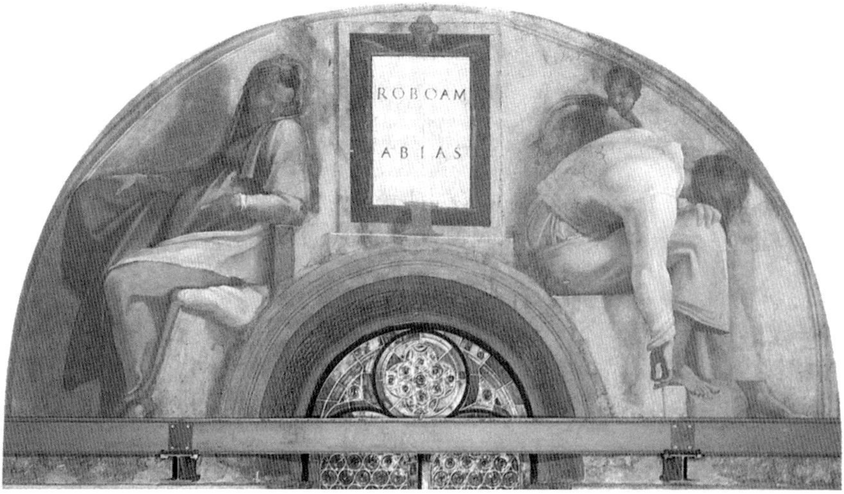

Abb. 18 Roboam-Abias-Lünette

So geschah es Pinehabs Weib, der Schwiegertochter des Propheten Elias, und die Worte, die zu ihr gesprochen werden: „Fürchte dich nicht, du hast einen jungen Sohn“,[64] sind die gleichen wie die der Wehemutter, die Rahel zu trösten sucht, also den – sterbenden – den Benjamin gebiert.[65] Dies geschah auf dem Weg von Bethel, wohin Jakob mit Rahel gepilgert war, weil ihm an diesem Ort Gott im Traum die Himmelsleiter gezeigt hatte. Dort errichtete er einen Altar, und Gott erschien ihm abermals im Traum und segnete ihn und seine Nachkommen.

Bethel wird unter den Orten genannt, die Abias den Israeliten zurückeroberte. – Der Ort aber, an dem Rahel gebar, lag auf dem Wege gen Ephrath und hieß *Bethlehem*.

Ass – *Josaphat* – Joram:
Mit dem Namen Josaphat ist der Schreiber bezeichnet, und Schriftgelehrsamkeit ist der entscheidende Zug, den die Bibel vom König Josaphat berichtet (2. Chron. 17–20). Er hieß die Gelehrten durch das Land ziehen und dem Volk das Gotteswort vorlesen und deuten. (Abb. 12)

64 1. Samuelis 4, 19–22.
65 1. Moses 35, 17.

Ozias – *Joatham* – Achaz:
Unter dem Bild des Sündenfalls erscheint die Lünette mit dem König Joatham, dem Repräsentanten jenes äußeren Reichtums und inneren Zerfalls, der dem Babylonischen Exil voranging (Abb. 19). Dazu stimmt die auffallende fleischige Fülle seiner Figur. Er sieht missmutig aus, sein Begleiter zeigt in die Ferne. In der Gruppe, der er den Rücken zuwendet, sieht man eine besorgte Mutter mit ihren Kindern. Aber diese verängstigte Frau hat die Hand auf ein wohlgefülltes Bündel gelegt. – „Die Hungrigen füllet er mit Gütern und lässt die Reichen leer".[66]

Ezechias – *Manasse* – Amon
Manasse ist der Name des Königs, der – zwei Generationen vor dem Babylonischen Exil – die „Gräuel der Heiden" erneuerte, im Alter aber Buße tat und sich in Reue verzehrte. „Und sein Gebet und Flehen und alle seine Sünde und Missetat und die Stätte, darauf er die Höhen baute und Haine und Götzen stiftete, ehe denn er gedemütigt ward, siehe, die sind geschrieben unter den Geschichten der Schauer".[67] – In dem Bilde sieht man den gedemütigten König, versunken in Buße und Reue (Abb. 20). Die Szene des Mittelbildes zeigt die Vertreibung aus dem Paradies.

Es folgt das große Sündflutbild mit den „Wassern Babylons", in den Lünetten erläutert durch Bibelsprüche, die Gleichnisse sind für das Babylonische Exil:

Iosias – *Iechonias* – Salathiel
„Wenn sich ein Mann von einem Weib scheiden lässt und sie ziehet von ihm, … darf er sie auch wieder annehmen? Ist es nicht also, dass das Land verunreinigt würde? Du aber hast mit vielen Buhlen gehurt, doch komme wieder zu mir, spricht der Herr" (Jeremias 3, 1). Im Streit verlässt die Frau den Mann und trägt das eine Kind mit sich fort. Aber die Kinder sind an dem Zwist nicht beteiligt. Das zurückbleibende reicht schnell dem entführten ein Steinchen als Zeichen der Treue. (Abb. 21)

Zorobabel – *Abiud* – Eliachim:
„In den Straßen sitzest du und wartest auf sie, wie ein Araber in der Wüste." (Jeremias 3, 3) – Es ist das Harren auf die Rückkehr aus dem Exil. (Der Mann hat die Gesichtszüge eines Arabers.)"[68]

Die Züchtigung und Heilung der Kinder in den beiden nächsten Lünetten nimmt den Gedanken der Scheidung und Heimkehr wieder auf: (Abb. 9, Abb. 21)

[66] Lukas 1, 53.

[67] 2. Chron. 33, 19.

[68] Diese Lünette und die beiden folgenden sind die einfachsten, eindeutigsten der ganzen Reihe. Vielleicht ist es darum, dass Michelangelo ihre Ausführung einem Gehilfen überließ.

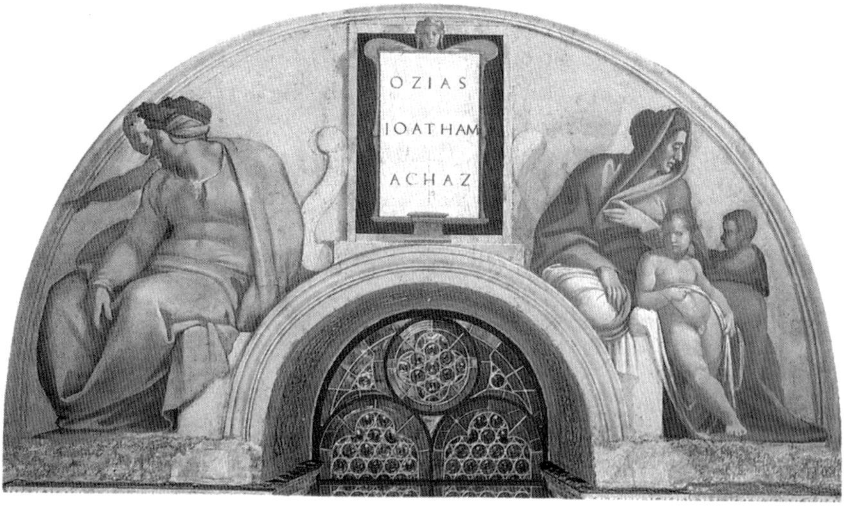

Abb. 19 Ozias-Joatham-Achas-Lünette

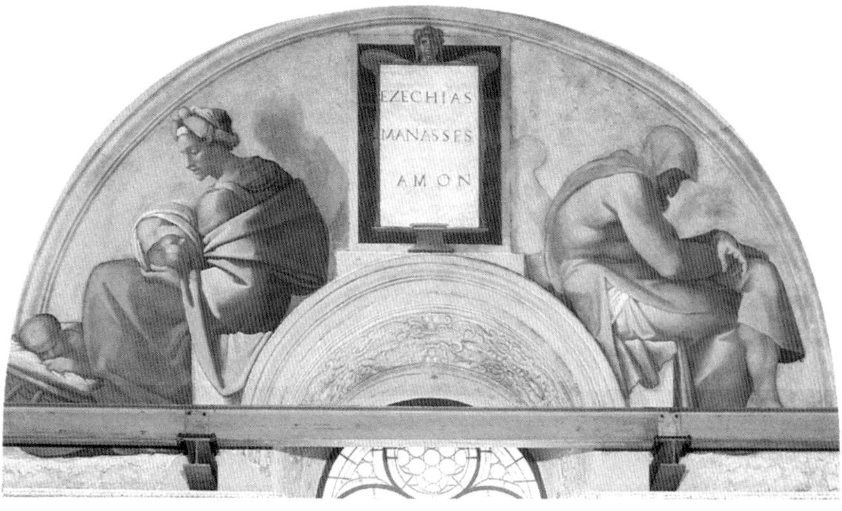

Abb. 20 Ezechias-Manasse-Amon-Lünette

Azor – Saddoch:
„Alle Schläge sind verloren an euren Kindern; sie lassen sich doch nicht ziehen.“ (Jeremias 2, 30) (Abb. 22)

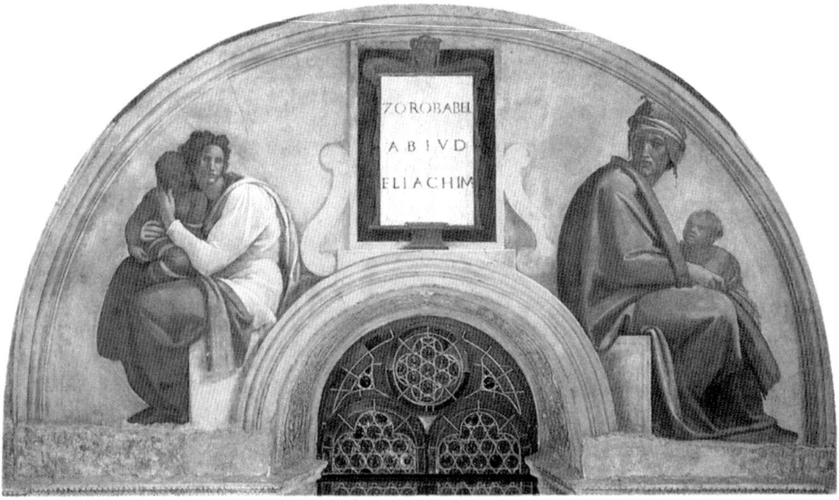

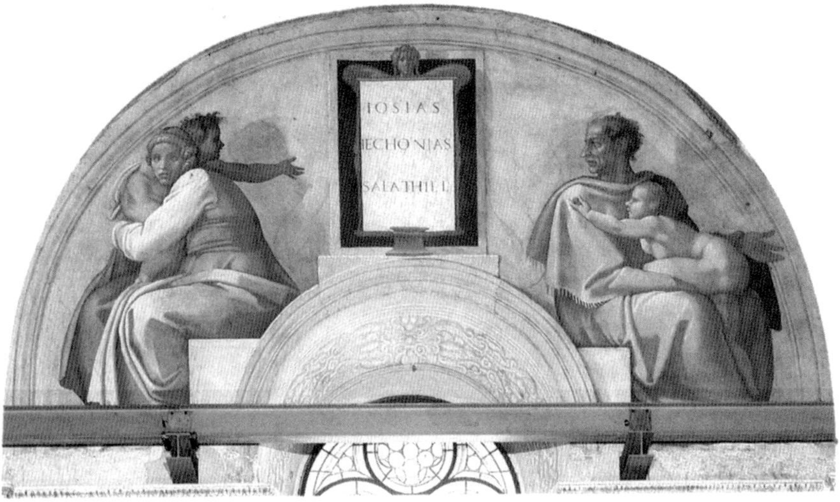

Abb. 21 Zorobabel-Abiud-Eliachim-Lünette und Josias-Jeschonias-Seacthiel-Lünette

Achim – Eliud:
„So kehrt nun wieder, ihr abtrünnigen Kinder; so will ich euch heilen von eurem Ungehorsam" (Jeremias 3, 22).

Die Lünetten der Eingangswand stellen je zwei Familien dar, deren Gruppen getrennte Bedeutung haben (Abb. 23).

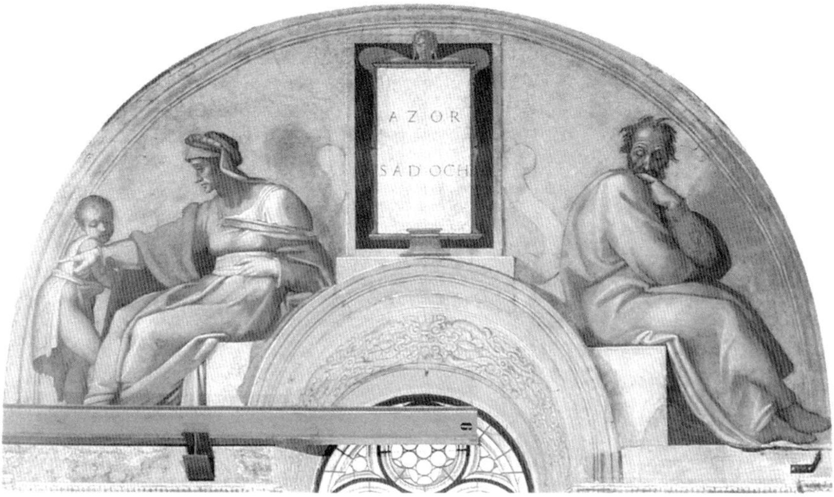

Abb. 22 Azor-Sadoch-Lünette

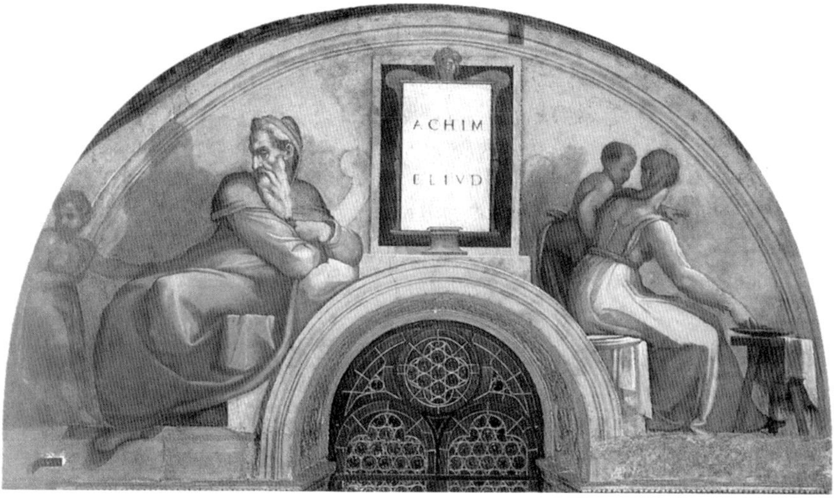

Abb. 23 Achim-Eliud-Lünette

Eleazar:
„Verlasset euch nicht auf Unrecht und Frevel, haltet euch nicht zu solchem, das nichts ist; fällt euch Reichtum zu, so hängt euer Herz nicht daran" (Psalm 52, 11). – Der Familie ist Reichtum zugefallen. Der Beutel beweist es. Die Frau hängt ihr Herz nicht daran, sondern spielt mit dem Kinde. Der Mann aber sinnt auf Unrecht und Frevel. (Abb. 24)

Mathan:
Der reiche Jüngling und die Armen (Markus 10, 17–22): „Und Jesus sahe ihn und liebte ihn und sprach zu ihm: Eins fehlt dir, gehe hin, verkaufe alles was du hast und gib den Armen, so wirst du einen Schatz im Himmel haben; und komm, folge mir nach und nimm das Kreuz auf dich. Er aber ward Unmuts über der Rede und ging traurig davon; denn er hatte viele Güter." – Man sieht den schönen traurigen Jüngling in reichem Gewand und selbstgefälliger Pose, dahinter die Armen.

Jakob:
Das Bild eines Bedrängten und Verfolgten wie Hiob, ihm zur Seite die abgehärmte Frau: „Miser factus sum, et curvatus sum, usque in finem". Dieses Wort des Psalmisten (37,7) könnte gemeint sein, aber auch eine der vielen Stellen, in denen von den Verfolgten gesprochen wird, die um ihres Glaubens willen leiden (Matthäus 5, 10; 1. Petri 2, 20; 3, 14–17; 4, 14 usw.).

Joseph:
Das Bild stellt die Heilige Familie dar. Jesus spielt mit Johannes. (Abb. 25)

17 Gesetzeseifer; Glaube und Werke

Die zerstörten Lünetten lassen sich am besten aus William Young Ottleys Nachstich (Abb. 26) erkennen:

Abraham, Isaak, Jakob, Judas:
Die Szene, in der Abraham Isaak befiehlt, das Opferholz aufzunehmen, füllt nur die rechte Hälfte der ersten Lünette. Im linken Teil sieht man eine Gruppe von Lesenden, die ein großes Buch vor sich aufgeschlagen haben.

Die Gebärde des Alten (Abraham), der dem Knaben befiehlt, das Holz zu tragen, erhält eine unerwartete Nebenbedeutung, wenn man ihren Zusammenhang mit der Gruppe der Lesenden (in der gleichen Lünette) versteht. Diese Gruppe stellt dar: *Die Wiederauffindung des Gesetzesbuches.*

„Und Saphan, der Schreiber, sagte es dem König an und sprach: Hilkia, der Priester, hat mir ein Buch gegeben, und Saphan las darinnen vor dem König" (2. Chron. 34, 18). Hilkia, der Priester, aber fand das Buch als er den Tempel des Herren ausbessern ließ, der baufällig geworden war. Er hatte den Zimmerleuten und Bauleuten aufgetragen, „gehauene Steine und gefälltes Holz zu kaufen, zu den Balken an den Häusern, welche die Könige Judas verderbet hatten. Und

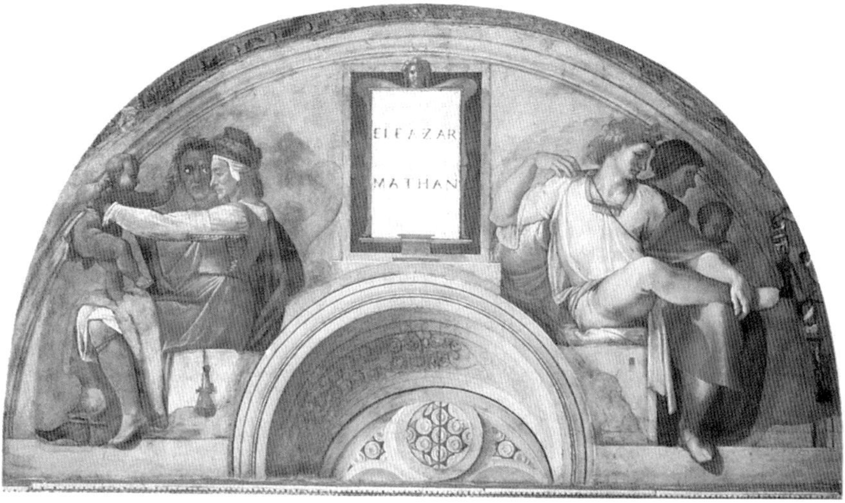

Abb. 24 Eleazar-Mathan-Lünette

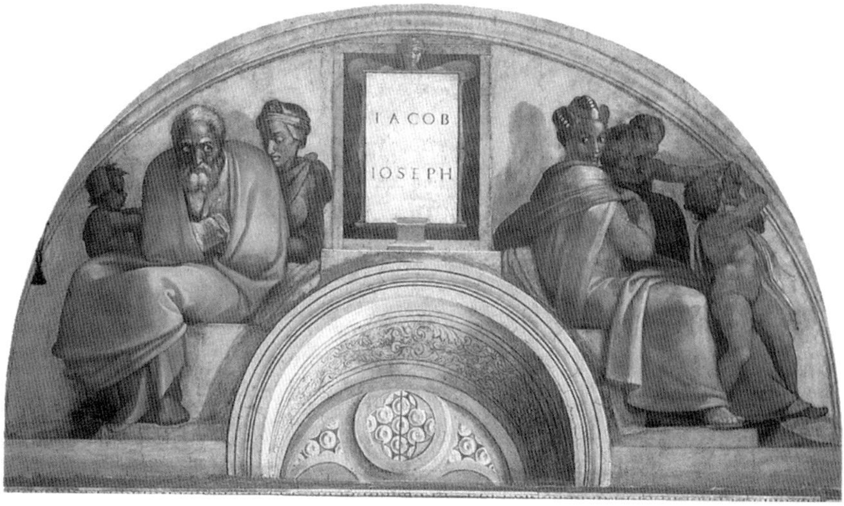

Abb. 25 Jakob-Joseph-Lünette

die Männer arbeiteten am Werke treulich“ (2. Chron. 34, 11–12). – So befiehlt auch hier der Alte dem Knaben, das Bauholz herbeizutragen zur Erneuerung des Tempels.

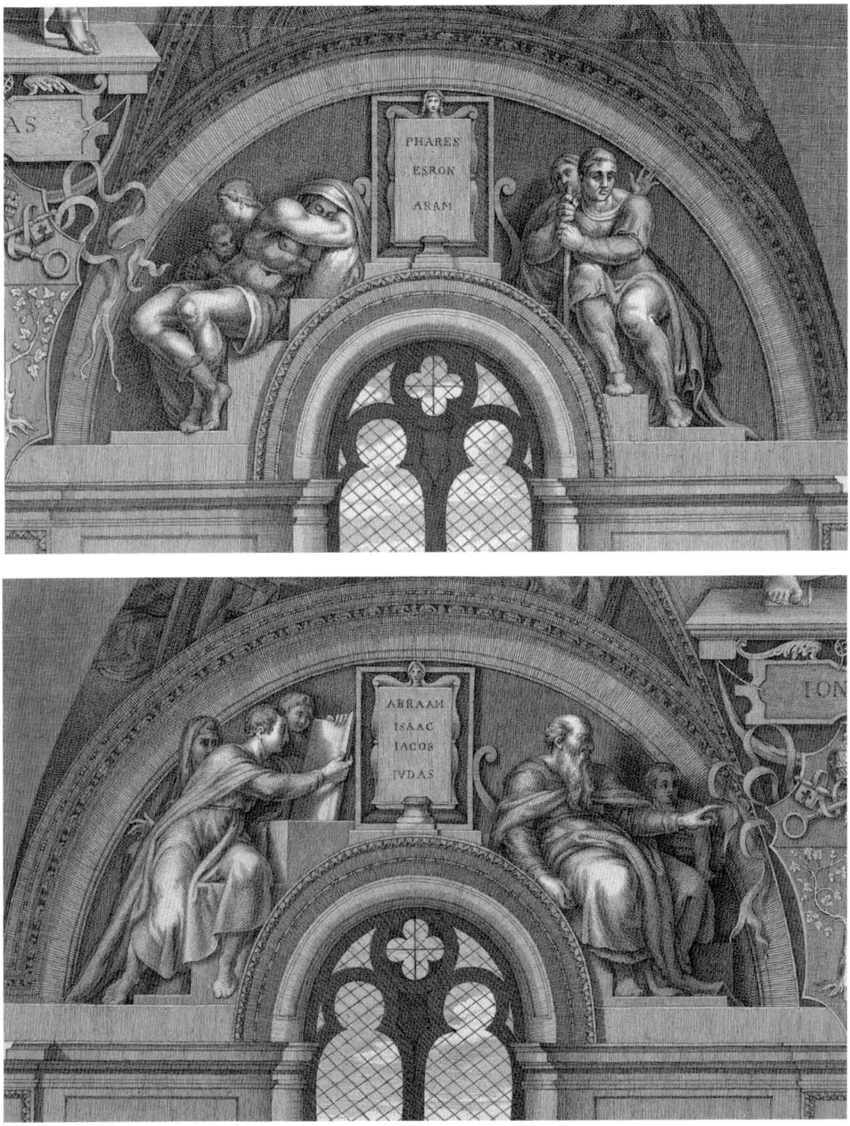

Abb. 26 William Young Ottley: Zwei zerstörte Lünetten aus der Sixtinischen Kapelle, 1827

Phares, Esrom, Aram:
Im Gegensatz zu diesem Gesetzeseifer der Bauenden und der Lesenden zeigt die Lünette der gegenüberliegenden Seite die ruhige Gewissheit der Gnadengläubigen: „Wo der Herr nicht das Haus bauet, so arbeiten umsonst, die daran

bauen. Wo der Herr die Stadt nicht beschützt, so wachet der Wächter umsonst. Es ist umsonst, dass ihr früher aufsteht und hernach lange sitzet und esset Euer Brot mit Sorgen, denn seinen Freunden gibt er es schlafend." (Psalm 127, 2). Die linke Hauptfigur der Lünette ist ein Schlafender, die rechte scheint ein Wächter zu sein.

Dass diese Deutung keine willkürliche ist, wird sich erst beweisen lassen, wenn wir, gestützt auf die schon gewonnene Deutung der Eckfelder der Medaillons und Figuren, die Gebärden der Propheten und Sibyllen erklären. Aber schon jetzt ist deutlich, dass die „Auffindung des Gesetzesbuches" ein Motiv darstellt, das auch in der unmittelbar angrenzenden Szene des Hamanbildes anklingt, wo Ahasver sich aus dem Buch vorlesen lässt, das ihn an die vergessenen Wohltaten Mardochais erinnert. Und dieses Motiv des Vergessens und der Erinnerung ist ja auch das der an dieses Eckbild angrenzenden Lünette „Aminadab", wo die Braut sich zur Hochzeit schmückt („Vergisst doch eine Jungfrau nicht ihres Schmuckes, noch eine Braut ihres Schleiers"). Gegenüber aber erscheint, in der Lünette „Naason", als Gegenstück zu der sich schmückenden Braut die Frau, die sinnend in den Spiegel blickt. *Rahel* als Gegensatz zu *Lea*, – „der Glaube" als Gegensatz zu den „Werken" – es ist der gleiche Gegensatz wie der zwischen „Gesetz" und „Gnade", den die beiden Lünetten der Altarwand veranschaulichen.

Die ganze Reihe der erhaltenen Lünetten scheint sich unter diesem Gesichtspunkt in eine dunkle furcht- und schuldbeladene und leicht (hoffnungsvolle) Gruppe zu teilen, die sich antithetisch gegenübertreten; und immer geht in der Reihenfolge, die durch den Stammbaum Christi vorgeschrieben ist, das dunkle Bild dem lichten voran (Abb. 27):

Der Vergessene neben der Frau, die sich schmückt (Lea)./
Der Lesende, der das dunkle Wort bedenkt, neben der Frau mit dem Spiegel (Rahel).

Der abergläubige Zimmermann, der Weib und Kind zurücklässt./
Die spinnende Alte, und der Greis, der von dem Kind gepflegt wird.
Der Tote neben der Schwangeren./
Der eifrige Schreiber neben den vielen Kindern.

Der missmutige Joatham./
Der reuige Manasse.

Die Ehescheidung./
Die Erwartung der Rückkehr.

Die Züchtigung des Kindes./
Die Heimkehr und Verpflegung der abtrünnigen Kinder.

Der Verrat um des Reichtums willen; die Verleugnung der Armen./
Die Geduldigen in der Not; die Heilige Familie.

Der Vergessende neben der Frau, die sich schmückt, (Lea).	Der Lesende, der das dunk le Wort bedenkt, neben der Frau mit dem Spiegel (Rahel).
Der abergläubige Zimmermann, der Weib und Kind zurücklässt.	Die spinnende Alte, und der Greis, der von dem Kinde gepflegt wird.
Der Tote neben der Schwangeren.	Der eifrige Schreiber neben den vielen Kindern.
Der missmutige Joatham.	Der reuige Manasse.
Die Ehescheidung.	Die Erwartung der Rückkeh
Die Züchtigung des Kindes.	Die Heimkehr und Verpflegung der abtrünnigen Kinder.
Der Verrat um des Reichtums willen; die Verleugnung der Armen.	Die Geduldigen in der Not Die heilige Familie.

Abb. 27 aus dem Typoskript Edgar Winds

In dem Bild der Heiligen Familie hält der kleine Johannes einen Spiegel an die Wand, den Jesus befestigt, während er sich in ihm betrachtet.

Dieses Bild des Spiegels weist zurück auf die Lünette „Naason“: – „videmus nunc per speculum in aenigmate“.

18 Die Jugend des Heilands – das Erlösungswerk

Für die *zweite Lesung* sind die Lünetten „Aminadab“ und „Naason“ der Auftakt: „Aminadab“ – ein Aufruf der Erinnerung: „Vergisst doch eine Jungfrau nicht ihres Schmucks, noch eine Braut ihres Schleiers“; „Naason“ aber ein Hinweis, die Reihe als Gleichnis aufzufassen: „Wir sehen’s jetzt in einem Spiegel, wie in einem dunklen Wort“.

Joachim und Anna
(Jesse – David – Salomon)

Neben der Tafel, die mit dem Namen „Jesse" beginnt, erscheinen die Eltern der Maria. Die uralte Frau ist die Heilige „Anna". Der Faden mit der Spule ist ihr typisches Attribut.[69]

Joachim ist der Alte, der fröstelt und wartet. Von dem Kinde Maria wird in der Legende gesagt, dass es sich nur von Engelsspeise nährte, und der Teller, den sie hält, mit dem winzigen Stückchen Speise darauf, ist die Nahrung, von der sie lebt.

Johannes der Wüstenprediger
(Salomon – Boas – Obeth)

Johannes der Täufer, der dem Herrn vorangeht, ist diese fantastische Figur: „Es ist eine Stimme eines Predigers in der Wüste: Bereitet dem Herrn den Weg!"[70] Der Einsame, der in der Wildnis predigt, empfängt als Echo nur seine eigene Stimme. Das eigene Antlitz, das ihm entgegenstarrt, ist wie der Widerhallt seiner Worte.

Die Geburt zu Bethlehem
(Roboam – Abias)

Abias war ein Sinnbild des träumenden Jakob, dem die Himmelsleiter erscheint, und die gebärdende Frau war das Gleichnis für Rahel, die zu Bethlehem entbunden wurde und starb. Diese Geburt zu Bethlehem bedeutet die Wundergeburt Jesu durch Maria, gemäß dem Text des Evangeliums Matthäus: „Die Geburt Christi war aber also gethan. Als Maria, seine Mutter, dem Joseph vertraut war, ehe er sie heimholte, erfand sich's, dass sie schwanger war von dem Heiligen Geist. Joseph aber, ihr Mann, war fromm und wollte sie nicht rügen; gedachte aber sie heimlich zu verlassen. Indem er aber also gedachte, siehe, da erschien ihm ein Engel des Herrn im Traum, und sprach: Joseph, du Sohn Davids, fürchte dich nicht, Maria, deine Gemahlen, zu dir zu nehmen; denn das in ihr geboren ist, das ist von dem Heiligen Geist. Und sie wird einen Sohn gebären, dessen Namen sollst du Jesus heißen; denn er wird sein Volk selig machen von ihren Sünden."

Diese Wundergeburt ist der Erschaffung Adams im Mittelbild zugeordnet. Die Geburt des Menschen ist das Gegenstück zur Geburt des Menschensohns.

[69] Vgl. Beda Kleinschmidt: *Die Heilige Anna*. Düsseldorf 1930, Abb. 324, 325, 337.
[70] Jesaja 40, 3.

Die Schriftgelehrten des Herodes
(Asa – Josaphat – Joram)

Der verlegene Schriftgelehrte soll entscheiden, welches von den vielen neugeborenen Kindern das auserwählte ist.

Der Befehl zum Bethlehemitischen Kindermord
(Ozias – Joatham – Achaz)

Hier erscheint Herodes selbst und gibt als Tyrann den Befehl zum Kindermord. Während er finster vor sich hinblickt und auf die Rede seines Begleiters horcht, macht sich die bedrohte Frau mit ihren Kindern zum Aufbruch bereit. Sie hat schon ihre Habe in einem Beutel verpackt.

Das Bild des „Sündenfalls“ im Mittelfeld ist das Gegenstück zum Mordanschlag des Tyrannen.

Die Flucht nach Ägypten
(Ezechias – Manasse – Amon)

Der alte Joseph sitzt versunken da, er scheint eingeschlafen. Die junge Frau wiegt das Kind und hält ein zweites Kind im Arm.[71] Dieser „Flucht nach Ägypten“, mit der die Jugendgeschichte Jesu abschließt, entspricht im Hauptbilde der „Vertreibung aus dem Paradies“.

Die Taufe im Jordan
(Josias – Jechonias – Salathiel)

Die Lünette mit dem Ehezwist und den spielenden Kindern ist, so verwunderlich es klingen mag, ein Sinnbild der Taufe. Die Worte, durch die Christus die Ehebrecherin schützt: „Wer sich frei von Sünde fühlt, der werfe den ersten Stein“, sind hier zum Gleichnis geworden. Diese Kinder fühlen sich frei von Sünde, eines reicht dem anderen das Steinchen, als wollte es sagen: Wirf du! Es ist der Wettstreit zwischen Johannes und Jesus, von denen jeder dem anderen den Vorrang lassen will im Vollzug der Heiligen Handlung.[72] Der Stein in der Geschichte der Ehebrecherin wird zum Sinnbild der Sündenfreiheit, die die Taufe vermittelt.

[71] Warum dieses zweite Kind hinzugefügt worden ist, wird sich erklären, wenn wir die Querbeziehungen zwischen den Lünetten betrachten. Die Gruppe wird dadurch ein Gegenstück zur Mutter mit den vielen Kindern in der angrenzenden Lünette. Beide Gruppen sind ein Sinnbild der Caritas, die in der cumäischen Sibylle verkörpert ist.

[72] Matthäus 3, 13–15.

Über die getrennten Ufer des Streites hinweg reichen sich die Kinder das Zeichen der Gnade.

Das „große Wasser" im zugehörigen Mittelbild ergänzt und bestätigt diese Deutung. Die Wasser der Sintflut und die Wasser Babylons sind zugleich die Wasser des Jordans, in dessen Fluten sich die Taufe vollzog, und an dessen Ufer das Heilige Jerusalem liegt, in das Christus auf dem Esel eintritt.[73]

Die Blinden am Wege nach Jerusalem

(Zorobabel – Abiud – Elizchim)

„Am Wege sitzest Du und wartest auf sie, wie ein Araber in der Wüste" – so warten die Blinden am Wege auf Jesus, als er auszog aus Jericho nach Jerusalem hin.

Die Austreibung der Wechsler

(Azor – Sadoch)

Die Züchtigung des Kindes ist die Züchtigung der Wechsler, die Christus aus dem Tempel vertreibt. Der verlegene Alte, der dem Vorgang beiwohnt, entspricht den Schriftgelehrten im Tempel.

Das Abendmahl

(Achim – Eliud)

Die Heimkehr der abtrünnigen Kinder, die das Abendbrot empfangen, entspricht dem Abendmahl. „Einer ist unter euch, der wird mich verraten". Rechts sieht man das Kind mit der Hand nach der Schüssel greifen. Die Szene links, die Ermahnung des abtrünnigen Kindes, ist ein Hinweis auf den Verräter.

Das Gebet Christi am Ölberg – Der Schlaf der Jünger

(Phares – Esrom – Arma)[74]

Die visionären Pilger erblicken die Erscheinung. Am Fuße des Berges liegt ein Schlafender.

[73] Für den Zusammenhang zwischen dem „Wasser des Jordans" vgl.: Franz Joseph Dölger: *Antike und Christentum II.* Münster 1930 (Der Durchzug durch den Jordan als Sinnbild der christlichen Taufe, S. 73).

[74] Die Lünetten der Querwände, die nunmehr folgen, müssen von Westen nach Osten, d.h. vom Altar zum Ausgang hin gelesen werden.

Verrat des Judas: Verleugnung Petri
(Eleazar – Mathan)

Der Mann mit krausem Haar, der finster brütend und Böses planend mit zusieht, wie die Frau das Kind herzt, hat den Gesichtstypus des Judas. Der Beutel ist das Sinnbild seines Verrats.

Die Gestalt des reichen Jünglings, hinter dessen wohlgefälliger Silhouette die Armen sichtbar werden, verweist auf Petrus. Hinter dem Leugnenden erscheint das Bild der Magd, der er nicht zugeben wollte, dass er zu Christus gehöre.

Urteil des Pilatus – Kreuztragung
(Abraham – Isaak – Jakob – Judas)

Aus dem Buch des Gesetzes wird der Richterspruch entnommen; und der Vollzug dieses Richtspruchs beginnt, wo Isaak auf Befehl des Vaters das Opferholz aufnimmt – von jeher ein Symbol der Kreuztragung.

Dornenkrönung – Kreuzigung
(Jakob – Joseph)

Der gequälte Mann (Jakob) ist der Verfolger und Verspottete, der die Sünde der Menschheit auf sich nimmt. (Das Kind im Hintergrund hat sich im Spiegel einen kleinen Helm auf den Kopf gesetzt.)

In der „Heiligen Familie“ (Joseph) ist das Spiel der beiden Kinder ein Sinnbild des Opfertodes. Der kleine Johannes hält einen Spiegel an die Wand, in den Jesus hineinblickt, während er ihn mit einem Hammer annagelt. Es ist sein eigenes Bild, das Christus befestigt, während Johannes es ihm im Spiegel vorhält.

19 Die Verheißung an die Armen

Die Stichkappen begleiten die Lebensgeschichte Jesu mit Szenen aus dem Leben der Armen, die durch das Kommen des Heilands befreit und getröstet werden. Er kleidet die Nackten und speist die Hungernden, er wärmt die Frierenden und sendet Schlaf den Ermatteten; er macht die Blinden sehend, lässt die Kranken gesunden, gibt Schutz den Verfolgten und eine Stätte den Obdachlosen.

Wie in den Lünetten wird die Verbildlichung jedes einzelnen dieser Sprüche zum Sinnbild einer Episode aus der Lebensgeschichte Jesu, die sich den Episoden der Lünetten ergänzend anschließt. – Zwischen den großen Mittelfeldern und den Lünetten vermitteln diese Szenen in ähnlicher Weise, wie die Medaillons zwischen den kleineren Mittelbildern und den Propheten und Sibyllen.

Salomon:
Die Frau schneidet ein Kleid zurecht für das nackte Kind, das neben ihr steht. Die „Bekleidung der Nackten" wird durch den Gebrauch der Schere zum Sinnbild der *Beschneidung* und erscheint daher über der Lünette Johannes des Täufers: Die Beschneidung ist ja das Vorbild der Taufe. Diesem Taufsymbol ist im Mittelfeld die Szene zugeordnet, wo Christus in die Vorhölle eindringt, um durch seinen Segen die Auserwählten zu erlösen.

Jesse:
Die Gruppe der Obdachlosen: Die Frau blickt sinnend ins Weite und hat ihren Kopf auf die Rückenfläche der Hand gestützt. Der Mann lehnt sich sorgenvoll an sie, aber die Gebärde des Kindes weist nach hinten auf die Stätte, wo die Obdachlosen eine Unterkunft finden. – Diese Szene des Wartens ist der Auftakt zur Geschichte von Joachim und Anna, die darunter in der Lünette erzählt wird. Die kinderlose, vereinsamte Frau wird durch das Wunderzeichen erlöst, das dem Mann, der bei den Hirten auf dem Felde weilt, das Ende ihrer Unfruchtbarkeit verkündet. Das Bild erscheint zwischen der Szene von der Jugend Marias im Hause von Joachim und Anna, und dem Schöpfungsbild, wo Gottvater die Gestirne als Zeichen setzt.

Roboam – Asar:
Die Stichkappe „Roboam" zeigt eine kauernde, sich wärmende Gestalt, die mit einem Kind sinnend vor sich hin – ins Feuer (?) – blickt. Gegenüber in der Stichkappe „Asar" sieht man das Bild einer Ermatteten, die in Schlaf versunken ist. – Die sich wärmende Gestalt hat einen orientalischen Kopfputz und die in Schlaf versunkende hält eine Spindel. Die Spindel gehört zum Geschäft der Hirten, der Kopfputz zu den Magiern, die ferne aus dem Osten kommen. Die anbetenden Magier und die Hirten, die das Wunder erfahren, begleiten das Mittelfeld mit der Erschaffung der Menschen (Abb. 11). In den Lünetten sieht man die „Wundergeburt Christi" und den verlegenen Schriftgelehrten des Herodes, der unter den vielen Neugeborenen das göttliche Kind erkennen soll.

Ozias:
Die Hungernden werden gespeist: Die abgemagerte Frau, an deren Brust sich das Kind zum Trinken heran drängt, hält eine große Frucht in der Hand, während aus dem Hintergrund ein Mann, der ein Kind hält, böse herausblickt. Die Doppeldeutigkeit dieser Stichkappe – Speisung und zugleich Bedrohung der Hungrigen – entspricht dem Mittelfeld mit dem Bild der ersten Menschen, die die

Paradiesesfrüchte empfangen (Abb. 10). In der Lünette ist – als Gegenstück zum Sündenfall – das Bild des wütenden Herodes, der den Blutbefehl gibt, alle Neugeborenen zu vernichten, damit der auserwählte König nicht lebt.

Ezechias:
Wo Adam und Eva aus dem Paradies vertrieben werden und nach dem Plan der Lebensgeschichte Jesu die Flucht nach Ägypten erfolgt, dort erscheint – in der Stichkappe „Ezechias“ – das Bild der Verfolgten, die durch den Heiland Schutz empfangen (Abb. 10). Das Kind blickt ängstlich hinaus, und der alte Mann ist matt und verzweifelt. Die Frau aber ist wie ein Sinnbild des Gefestigten, wohl gehegten Daseins. In ihren üppigen Formen ist sie der Gegenpart zu der Abgemagerten, Hungernden, die die Früchte empfängt. Wie dort der „Bethlehemitische Kindermord“ so klingt hier die „Ruhe auf der Flucht nach Ägypten“ an.

Zorobabel – Josias:
Die beiden letzten Stichkappen sind leicht zu deuten. Es sind die Kranken und Gichtbrüchigen („Zorobabel“), die von Christus die Heilung erwarten, und die Blinden („Josias“), deren fest verschlossene Augen sich erst durch göttliche Gnade öffnen (Abb. 8). Der Zusammenhang mit der Lebensgeschichte Christi bedarf kaum der Erklärung. Die Heilung der Blinden und Lahmen ist ein Teil der Wunderwerke, die sich an die Taufe im Jordan anschließen. Während im Mittelfeld das große Wasser erscheint, erzählen die Lünetten von der Taufe (im Gleichnis der Ehebrecherin) und vom Einzug in Jerusalem, wo die Blinden am Wege warten.

IV Geheimnis, Predigt, Triumph der Kirche

(Die Propheten und Sibyllen)

Die Lünettenfiguren, die das Leben Jesu im Gleichnis der Vorfahren erzählen, sind in doppelter Richtung zu Gruppen verbunden: Sie gruppieren sich symmetrisch um die Namenstafeln, sodass sie innerhalb jeder Lünette eine einzelne oder zwei Familien darstellen. Die Eckfiguren sind aber wieder – über die Grenzen der Lünetten hinweg – zu neuen Gruppen vereinigt, die sich den Figuren der Propheten und Sibyllen unterordnen.

Die Konfiguration, die hier entsteht, ist eine Vorahnung des Motivs, das in den Medicigräbern wiederaufgenommen und durchgeführt wurde. Unter den monumentalen Sitzstatuen der beiden Herzöge erscheinen die Begleitfiguren der „Tageszeiten", die in ihrer Haltung und Gruppierung die Stimmung der Hauptfiguren wiederspiegeln. Unter Giuliano, dem Tätigen, sind die Kontrastfiguren von „Tag und Nacht", die scharf voneinander abgewandt sind. Unter Lorenzo, dem Beschaulichen, erscheinen als einander zugewandte Gestalten die gleitenden, gedehnten „Tageszeiten" von „Morgen und Abend".

Wie die Gebärdensprache und die allegorischen Attribute der zwei Herzöge[75] in ihrem Sinngehalt nur dann richtig ausgelegt werden können, wenn man die Begleitfiguren einbezieht, so ist auch die Deutung der Propheten und Sibyllen von der Erklärung der ihnen untergeordneten Lünettenfiguren abhängig.

Für das Verständnis der Gebärdensprache der Propheten und Sibyllen ist damit eine Handhabe der Deutung gefunden, die das ergänzt, bestätigt und vertieft, was wir aus der Zuordnung der Propheten- und Sibyllentexte zu den Mittelbildern, den Eckfeldern und Medaillons erschließen konnten. Die Auslegung gewinnt hier – durch die vielfältige Kontrollierbarkeit der Zusammenhänge – eine so feste bildersprachliche Grundlage, dass die Hoffnung besteht, das berechtigte Misstrauen derer zu zerstreuen, die aus ihrer literarischen Erfahrung wissen, wie viel gerade hier durch psychologische Aperçus gesündigt worden ist.

[75] Magnamità (Feldherrstab und Münze) bei Giuliano – Vigilanza (Löwenhaupt und Fledermaus) bei Lorenzo. (Die Einzeldeutung der Medicigräber hoffe ich im dritten Teil dieser Arbeit vorzulegen.)

20 Versündigung und Entsühnungsgewissheit (Zacharias)

Um das Eckfeld des Holofernes gruppieren sich Lünetten, die vom Satan besessene Sünder darstellen: – die Wechsler, die den Tempel entheiligen, ehe sie von Christus daraus vertrieben werden; Judas, der den Herrn verrät, und Petrus, der ihn verleugnet. Das Medaillon an dieser Ecke hat das Urbild des Verrats, den Judaskuss, zum Gegenstand. Es ist, als sollte die Macht des Satans an großen Beispielen verdeutlicht werden (Abb. 3)

Selbst das Wunder, durch das diese Macht gebrochen wird, redet fast mehr von dieser Macht, als von denen, die sie brechen. Erschiene Judith nicht in der Mitte der Szene, man könnte sie für eine Nebenfigur halten, denn sie unterscheidet sich nur leise durch Kleidung und Gebärde von der Dienerin, die sie begleitet: Es fehlt sogar das Schwert. Ihr Antlitz ist unsichtbar, sie blickt nach hinten, und eine eigentümliche Anonymität umgibt die Frau, die der Vorsehung als Werkzeug gedieht hat. Der eigentliche Gegenstand, der Held des Bildes, ist Holofernes, auf dessen Leiche die Frauen zurückblicken, während sie sein riesenhaftes Haupt wie in einem Bestattungsritus davontragen. Wie ein letztes Sinnbild seiner überwundenen Macht kauert am Rand ein hünenhafter Wächter, der wie ein schlafendes Ungeheuer aussieht.

Die Überwindung der drohenden Höllenmacht ist hier dargestellt von der Seite des Überwundenen her. Das finstere Höllentor ist der Ort der Szene. Gegenüber aber, in dem Bild von David und Goliath, zeigt sich der gleiche Vorgang von der Seite des Siegers. Der kindliche David schwingt das Schwert über dem niedergeworfenen Riesen. Anstelle des Höllentors erscheint im Hintergrund, wie ein Strahlenbündel des göttlichen Lichts, eines der Zelte Israels.[76] Erlösungssymbole sind daher auch in den Lünetten dargestellt: die eine zeigt das Abendmahl, das Sakrament, durch das der Schuldige entsühnt wird, die andere weist hin auf das sühnende Opfer selbst, die Dornenkrönung und Anheftung ans Kreuz.

„Siehe, ich habe deine Sünde von dir genommen und habe dich mit Feierkleidern angezogen", dies sind die Worte des Propheten Zacharias, der die Satansbesiegung verheißt. Unter seiner Gestalt vereinigen sich die inneren Eckfelder der Lünetten zu einer Gruppe, die dieses Wort illustriert; auf der einen Seite das Bild des Verspotteten, der die Sünde der Menschheit auf sich genommen hat, und ihm gegenüber, auf der anderen Seite der Sünder – der Jüngling im Feierkleid.

[76] Wer einwendet, dass das Zelt durch die Umstände der Erzählung gefordert ist, da die Szene vor dem Lager spielt, mag sich erinnern, dass das gleiche auch für die Gegenszene gilt. Auch Holofernes schläft ja in einem Zelt. Aber dieses Zelt hat ein gezimmertes Gehäuse erhalten, sodass der Eingang ein rechteckiges Tor ist (vergl. dagegen etwa Mantegnas Darstellung der gleichen Szene.)

Ein rätselhafter Zug wird jetzt verständlich: Wie kann Zacharias, der Prophet der Satansbesiegung, gerade der Ruhigste von allen Propheten sein? – Er ist der Prophet der Gnadengewissheit, und in der schlichten Hingabe an den Glauben, dass selbst die schwersten Sünden durch das Gottesopfer gesühnt sind, ist er der größte Gegensatz zum Propheten Jonas, der Gottes Langmut nicht ertragen will.

21 Gerechtigkeit und Erbarmen; Gesetz und Gnade

(Jonas)

Jonas hadert mit Gott. Er fordert Gerechtigkeit und Vergeltung an Stelle der steten Milde, die sich der Drohung gereuen lässt und dem Sünder verzeiht, statt ihn zu vernichten (Abb. 2)

Seine gewaltige Gebärde der Abrechnung leitet hinüber auf das Bild, wo Ahasver dem Haman gebietet, den vor der Schwelle sitzenden Mardochai zu hohen Ehren zu berufen – um der guten Taten willen, die in dem Buch, aus dem der König sich vorlesen ließ, verzeichnet waren. Und das gleiche Gebot verurteilt Haman um seiner bösen Taten willen zum Tode. Der Gute wird erlöst und der Schlechte gekreuzigt. Das ist das Bild der gerechten Vergeltung. Es stellt die Nachtseite der wahren Erlösung dar und ist daher in strenger Entsprechung zum Judithbild entworfen – mit dem Tor, das in die Hölle führt, wo man den Satan gekreuzigt hat, um von seiner Macht befreit zu werden.

Die aber so auf ihre eigene Erlösung nach dem Buchstaben des Werkgesetztes vertrauen, für Sünde Strafe, für Wohltat aber Belohnung erwarten, die sind es, die zwar den Satan zu kreuzigen glauben, in Wahrheit aber den Heiland kreuzigen, der da kam, sie vom Satan zu befreien. Es ist die düstere Ironie des Hamanbildes, dass der, welcher durch das Tor eindringt, um den an der Schwelle wartenden zu erlösen, auch der ist, der im Hintergrund angeklagt und in der Mitte des Bildes gemartert wird. So verlangt es wörtlich die Esthergeschichte. Aber so verlangt es auch wörtlich die Analogie, durch welche diese grausige „Äffung" des Erlösungstodes in einem Vergeltungstod zustande kommt – das Mysterium der göttlichen Selbstopferung, die sich des Vergeltungstriebs als blinden Werkzeugs bedient, um die Erlösungstat zu vollenden.

Werkglaube, Gesetzglaube – das ist der Grundgedanke dieses Gerechtigkeitsbildes. Die zugehörigen Lünetten bestätigen es. Wo Ahasver sich aus dem Buche vorlesen lässt, um danach sein Urteil zu fällen, dort erscheinen – in der unmittelbar benachbarten Lünette – wieder Menschen, die in einem Buch lese. Aus diesem Wort des Gesetztes geht das Urteil hervor, das den Tod des Heilands bedeutet: Im Sinnbild des Aufbruchs zur Richtstätte folgt Isaak dem Gebot des Vaters und nimmt das Opferholz auf die Schulter.

Die andere Lünette aber – „Aminadab" – wird dem, der bisher vielleicht gezweifelt hat, ob wir den Gegensatz von Gesetz und Gnade nicht vielleicht in die Bilder hineinphantasieren, die vermisste Gewissheit bringen. Man muss die Lünette Aminadab mit der ihr gegenüberliegenden Lünette Naason zusammen sehen (Abb. 15, Abb. 16): in der einen die Jungfrau, die sich zur Hochzeit schmückt, in der anderen die Frau, die sich im Spiegel betrachtet. Es ist das Gleichnis von Lea und Rahel, das bei Dante den Gegensatz des tätigen und beschaulichen Lebens bedeutet und in Michelangelos Symbolik des Juliusgrabes – durch alle Veränderungen der Entwürfe hindurch – den Gegensatz von „Werken" und „Glauben" bezeichnet.

> „Sappia, qualqunque il mio nome domanda,
> Ch'io mi son *Lia*, e vo movendo intorno
> Le belle mani a farmi una ghirlanda.
> Per piacermi allo specchio qui m'adorno;
> Ma mia suora *Rachel* mai non si smaga
> Dal suo miraglio, e siede tutto giorno.
> Ell'è de'suoi begli occhi veder vaga,
> Com'io dell'adornarmi con le mani;
> Lei lo vedere, e me l'ovrare appaga."[77]

Der Gegensatz wird noch verstärkt und verdeutlicht durch die Haltung der Männer, die den beiden Frauen in den Lünetten beigesellt sind. Auf der Seite der „Werke" und des „Handelns" ist der *Vergessende*, der den Irrsalen des irdischen Gesetzes verhaftet, an die göttliche Gnade nicht mehr denkt. Auf der Seite der „Betrachtung" aber ist der Lesende, der von der Dunkelheit des Wortes betroffen, begreift, dass es nur „stückweise" ist, was er hier erkennt und dass er es später wird „von Angesicht zu Angesichte" sehen.

Und selbst die dunklen Worte „Aminadab" – „Naason" werden in diesem Zusammenhang verständlich. „Meine Seele wusste es nicht, dass er mich zum Wagen Aminadab gesetzt hatte", so singt die sich schmückende Frau des Hohen Lieds (6, 12). Und der Wagen Aminadabs bedeutet das Kreuz, das Kreuz, das über der Braut – neben dem Festmahl Esthers – in der Hinrichtung Hamans sichtbar wird.

Das Wort Naason aber, das unter der Wissenden steht, bedeutet (hebräisch) „ehern" und weist hinauf auf das zugehörige Sinnbild der „Ehernen Schlange". Dies ist das Zeichen der wahren Erlösung, die nicht Schmerzen hinzufügt, sondern Schmerzen heilt – die Lichtseite desgleichen Vorgangs, von dem das Hamanbild nur die Nachtseite kannte: Und größtes und tiefstes aller Wunder – die Heilung erfolgt nicht durch Werke der Sühnung, sondern durch bloße *Betrachtung* des Erlösungszeichens. „Da kamen sie zu Mose und sprachen: Wir haben gesündigt, dass wir wider den Herrn und wider dich geredet haben. Bitte den Herrn,

[77] Purgatorio 27, 100–108.

dass er die Schlangen von uns nehme. Mose bat für das Volk. Da sprach der Herr zu Mose: Mache dir eine Eherne Schlage und richte sie zum Zeichen auf; wer gebissen ist und sieht sie an, der wird leben". (4. Moses 21, 7–8).

Im Gespräch Christi mit Nikodemus (Johannes 3) wird dieses Zeichen zum Sinnbild des Kreuzes, denn des Menschen Sohn muss erhöht werden „auf das alle, die an ihn glauben, nicht verloren werden, sondern das ewige Leben haben". – Ausdrücklich wird hier die Erlösung durch Christus dem Urteilsspruch eines Richters entgegengesetzt: „Denn Gott hat seinen Sohn nicht gesandt in die Welt, dass er die Welt richte, sondern, dass die Welt durch ihn selig werde". Und weiter: „Wer an ihn glaubt, der wird nicht gerichtet; wer aber nicht glaubt, der ist schon gerichtet; denn er glaubt nicht an den Namen des eingeborenen Sohn Gottes. Das ist aber das Gericht, dass das Licht in die Welt gekommen ist; und die Menschen lieben die Finsternis mehr als das Licht. Denn ihre Werke waren böse (Johannes 3, 17–19).

Das Licht ist in die Welt gekommen, und das Gericht ist, dass die einen sich ihm zuwenden, die anderen nicht. Die einen werden durch den Anblick erlöst, die anderen sterben an den Bissen der Schlange. Das Los des einzelnen aber liegt verborgen im geheimnisvollen Ratschluss der Gnadenwahl.

Daher erscheint als schärfster Gegensatz zur Lünette der Richtenden, die ihr Urteil dem Gesetzesbuch entnehmen, unter dem Sinnbild der Schlange das Bild der Begnadeten, die den Herrn mit offenen Augen schauen oder ihn im Traum wissen. „Den Seinen gibt's der Herr im Schlaf".

Und wieder sind, wie an der Eingangswand, die beiden Lünetten der Altarwand aufeinander bezogen. Ihre inneren Figuren vereinigen sich zu einem Bild der Auferweckung, das unmittelbar unter dem Propheten Jonas erscheint. Die Gegensätze zwischen Vergeltung und Gnade, die Jonas, der große Dialektiker, verkündet, werden ausgesöhnt am Tage der Auferstehung, dem er selbst durch sein Schicksal als Zeichen dient.

Als Michelangelo diese Lünetten der Altarwand wegbrach, um Platz zu schaffen für das Jüngste Gericht, hat er also den ursprünglichen Bildgedanken nicht beseitigt, sondern erweitert. Statt über dem Gleichnis der Auferweckung thront Jonas jetzt über der Auferweckung selbst: – das Urbild der großen christlichen Kläger, die Vergeltung für ihr Martyrium fordern (Abb. 4). In seinem Ausdruck sind die gegensätzlichen Kräfte vereinigt, die in der Gruppe von Petrus und Paulus im Jüngsten Gericht auf zwei Gestalten verteilt worden sind. Petrus, der Ankläger, verficht das Gesetz, er ist der Felsen, auf den die Kirche gebaut ist. Aber neben ihm weicht Paulus, der Apostel der Gnadenlehre, wie betroffen von dem Angesicht Gottes zurück. Der gleiche Konflikt beherrscht die Gebärde Jonas. Die Hände machen die Geste des Rechtens, aber der Körper dessen, der so fordert und anklagt, ist zurückgeworfen vor dem Antlitz Gottes.

Dem Hadernden strahlt das Erbarmen entgegen, das ihn selbst aus den Fluten der Tiefe erlöst.

22 Das Mysterium des Lichts

(Jeremias, Libyca)

„Das Licht ist in die Welt gekommen" und die sich ihm zuwenden, sind die Begnadeten. Die anderen aber sind gerichtet. Dieses Wunder der „Trennung von Licht und Finsternis" erfüllt Jeremias, den Propheten, mit lastender Schwermut. Er versenkt sich – wie in einen Abgrund des Gedankens – in das Schicksal derer, die auf der Seite der Finsternis bleiben (Abb. 2). Zu seinen Füßen ist der *Vergessende* und (mit diesem jetzt zu einer Gruppe vereinigt) der *Verblendete*, im Aberglauben Befangene, der sein Ebenbild als Götzen vor sich herträgt. Hoch oben entschwebt Elias zum Licht und lässt die Welt unter sich im Dunkel. Die Szene im Medaillon und die Figuren der Lünetten bezeichnen gleichsam die Spannweite des Gedanken, dem der Prophet wie einem manischen Zwange verfällt. Getroffen von der Erleuchtung, dass Gott Tag und Nacht gesetzt hat als Zeichen der Auserwählung, bleibt er wie gelähmt im Anblick der Verlorenen, die den Weg der Finsternis weiterwandeln.

Die Libyca aber springt auf in Ekstase. Sie ist von dem Licht in gleicher Schärfe getroffen wie Jeremias von der Finsternis. Aber wen ergreift die Erfahrung des Lichts in so verwirrender Stärke? Den, der im Dunkel gelebt hat, und das ist der Blinde. *Die Libyca ist blind.* Die gesenkten Lieder allein würden es nicht beweisen. Sie hat sie gesenkt, weil das Licht sie blendet, das hinter dem Buch in einer Flamme brennt.[78] Ein deutlicheres Zeichen ist schon der Zug, den Tolnai zuerst beobachtet hat und den er freilich anders deutet: – Beim Herabnehmen des Buches greift die linke Hand falsch, sie hält die Blätter statt des Deckels.[79]

Ferner: Die Stellung der Beine – dieser Fußspitzenschritt, der, obwohl er so tänzerisch wirkt, beide Füße gleichzeitig am Boden hält – zeigt deutlich, wie sie sich mit den Zehen am Boden vortastet, den sie herabsteigen will; denn sie sitzt noch, hat sich noch gar nicht erhoben, aber die Füße fühlen vor, damit sie nicht stolpert. Diese komplizierte „paradoxe" Gesamtgebärde, die man so oft als manieristisch bezeichnet hat – der Rumpf und die Arme von hinten gesehen, die Beine und der Kopf rein im Profil –, ist die natürliche Haltung für einen Blinden, der gezwungen ist, vor

[78] Das Licht ist das herkömmliche Attribut der Libyca und entspricht dem Text: „Ecce veniet dies (deus) et illuminabit condensa tenebrarum".

[79] Tolnais eigene Deutung geht dahin, dass die Sibylle das Buch gar nicht herabnimmt, sondern es zumacht und sich davon abwendet, Karl Tolnai: „La volta della Cappella Sistina (Saggio d'interpretazione)", in: *Bollettino d'arte* 29, 1935 / 1936, S. 389–408.

dem Übergang von einer Stellung zur anderen den alten und den neuen Stützpunkt gemeinsam festzuhalten, während der Sehende sie in freier Bewegung vertauscht.

Die Libyca ist blind und sie spürt das Licht. Jeremias aber ist sehend und ihn ergreift das Dunkel. In dem Mysterium der „Trennung von Licht und Finsternis" erwacht die Sibylle zum Sehen und der Prophet erblindet. Sie hebt das Buch mit tastenden Händen. Er aber kann die Schrift, die neben ihm liegt, nicht mehr lesen. In weltenferner Höhe entschwindet das Licht, zu dem Elias sich aufschwingt auf seiner Fahrt aus dem Dunkel, und es bleiben die abgründigen Tiefen der Unerlösten, in deren Betrachtung die Sehkraft erlischt und die Lebenskräfte ermatten.[80]

Der Unendlichkeit dieses Dunkels wird die Sibylle entrissen. Alle ihre Kräfte sind wie in einem Kampf auf den einen einzigen Lichtnerv vereinigt, aus dem ihre junge Vitalität entspringt. Sie hat, von brennender Ekstase ergriffen, ihr Obergewand abgeworfen und beginnt nun, beschwingt wie in einem Tanz, die Stufen hinabzugleiten, als wollte sie – ein verwirrt entzückender Verkündigungsengel – der Welt die frohe Botschaft bringen: Das Licht ist in die Finsternis eingedrungen. „Ecce veniet dies et illuminabit condensa tenebrarum".

Das gleiche Wort spricht aus dem Medaillon und den Lünettenfiguren. Der Engel senkt sich zu Abraham herab und verhindert die Tötung des Sohnes. So wird auch dem Grübelnden, der nur „stückweise" erkennt, das „dunkle Wort" zum leuchtenden Gleichnis; und der fröstelnde Alte wird gelabt von dem Kind mit der Engelsspeise.

Ein Gegensinn aber bleibt bestehen. Wo die Unerlösten zurückblieben in der dunklen Tiefe, da fuhr der befreite Gott hoch hinauf in das Licht.[81] Hier aber, wo das Licht sich niedersenkt, um die Finsternis zu durchdringen, wo der Engel niederfährt, um Isaak zu befreien,[82] da ist dieses Befreiungsbild selbst ein Sinnbild des Kreuzes. Es bedeutet den Tod des Gottes.

23 Das Erkennen Gottes

(Persica, Daniel)

Das Licht hat sich von der Finsternis getrennt und beginnt nun, auf sie zurückzustrahlen. Das Dunkel wird erleuchtet und der Lichtstrahl zerlegt. Der Augenblick der Erkenntnis ist da, wenn Gott seine Schöpfung segnet.

80 So skizzenhaft das Medaillon mit der Himmelfahrt des Elias ausgeführt ist, die Auffahrt ist doch deutlich als Lichtfahrt gekennzeichnet. Der Prophet ist geblendet von der Leuchtkraft des Glanzes, in den der Wagen ihn hinaufführt.

81 Medaillon über Jeremias.

82 Medaillon über Libyca.

Vergleicht man die Persica mit der Sibylle des Lichts und Daniel mit dem Propheten des Dunkels, so ist es, als sei in dem Zustand ihrer Erleuchtung die Schöpfung selbst in ihrer Entwicklung fortgeschritten. Die Sibylle beginnt schon zu lesen, wenn auch mit Mühe. Der Prophet ist aus seiner Apathie erwacht und ist eifrig beschäftigt, das Wort zu übertragen: er übersetzt und kommentiert, denn Daniel ist der große Deuter der unverstandenen Träume (Abb. 7).

Und – tiefste Logik dieses geheimnisvollen Geschehens – die Sibylle ist gealtert, und der Prophet hat sich verjüngt. Es ist als ob das Prinzip, das die Gestalten formt und belebt, auch der Stoff wäre, aus dem sie gemacht sind. Die Lichtsibylle ist blind, denn sie ist reines Licht, das sich vom Dunkel getrennt hat. Um sehend zu werden, muss sie sich wieder dem Dunkel vermählen, an dessen Stoff das Licht sich zerlegt und mildert. Der Prophet des Dunkels aber ist matt und alt, denn er ist selbst aus dem dunklen Stoff geformt, der der Bestrahlung bedarf, um zurückzustrahlen. Dass die Sibyllen und Propheten ihre Stellen vertauschen und sich paarweise alternierend gegenübertreten, erklärt sich ganz gewiss auch aus dem „Gesetz der Eurythmie“, aber es ist das unfehlbare Zeichen der schöpferischen Logik, dass in ihren Entscheidungen sich mehrere Dimensionen durchdringen. Was den Gedanken verdeutlichen soll, wird Eurythmie. Was als Eurythmie geplant war, offenbart den Gedanken.

Unter der Sibylle, die mühsam zu lesen beginnt – „videtur vaticinari sub nubilo“ –, sind Lünettenfiguren, die träumen. Es ist die Weissagung aus Nachtgeschichten. Was diese Visionen besagen sollen, weiß die Sibylle nicht. Sie spricht aus dem Dunkel die schlafwachen Worte. Die Genien, die sie begleiten, sind Somnambule.

Es ist Daniel, der die Klärung vermittelt. Das dunkel Geahnte, im Traum Verborgene, übersetzt er in die Helle des Tages. Die Nachtgestalt hinter ihm flüstert die Worte, die nur er versteht, der aus dem großen Buch die Sätze entnimmt, die für das kleine bestimmt sind. Und eifrig sind unter ihm die Gestalten der Lünetten mit „Vermittlung“ und „Klärung“ der Dinge beschäftigt. Der Schreiber ordnet auf dem Papier die Gedanken, die nicht nur lose und wild den Raum durchstreifen und die Alte wickelt das Garn von der großen Spule zu einem kleinen, aber festen und brauchbaren Knäul.

Was aus der Klärung hervorgeht, ist das Gericht. Der König empfängt seinen Schicksalsspruch aus dem Munde des Propheten, der den Traum verdolmetscht. Und der Spruch lautet, dass, wer sich vermisst, sich zum Gott zu erheben und Gott zu leugnen, der soll das Gras fressen mit den Tieren des Feldes, seine Nägel sollen ihm wachsen wie Vogelkrallen und sein Haar wie Adlersflügel – *bis dass er Gott erkennt*. Als Zeichen der gestraften Vermessenheit hängt Absalon mit seinen Haaren am Baum – das Sinnbild des verzweifelten Judas, der sich selbst erhängt, weil er den Herrn verriet.

Gegenüber aber, über dem Haupte der ahnenden Sibylle, ist das Zeichen derer, die Gott erkennen: der blinde Tobias, der sehend wird, weil der Engel Gottes ihn besucht hat – das Sinnbild der Jünger von Emmaus, die in ihrem Gast den Heiland erblicken.

Die durch die Gegenwart Gottes betroffenen Jünger – und der sündige Judas, der sich selbst verwirft, sind Zeugen der gleichen Gotteserkenntnis. Wie am ersten Tag sind Propheten und Sibyllen nur zwei Seiten des gleichen Vorgangs. Aber wie Sibylle und Prophet haben nun auch Licht und Dunkelheit eine neue Bedeutung gewonnen. Die Verwerfung ist diesmal auf der Seite des Lichts, die Erlösung auf der Seite des Dunkels. Die Klarheit Daniels ist das Gericht. Die Ahnung der Persica ist die Gnade.

24 Die Verwaltung des Sakraments
(Hesekiel, Cumäa)

Recht und Gnade, Liebe und Gesetz, die bei der Trennung von Licht und Finsternis mit polarer Kraft auseinanderstreben, beginnen auf der Stufe des gesegneten Erkennens sich gegenseitig zu ergänzen und zu durchdringen: Der Prophet Daniel deutet, was die Sibylle ahnt.

Wenn aber mit der „Erschaffung Evas", der „Fleischwerdung des Gebeins", der „Blutspende Christi" das Wort zur Tat wird, ist der Einklang in solcher Vollendung erreicht, dass Sibylle und Prophet, jeder in sich, die Gegensätze vollkommen vereinen, die bisher von beiden getrennt und daher nur unvollkommen vertreten wurden. Diese Unvollkommenheit kam schon allein in den Gegensätzen des Alters zum Ausdruck. Jeremias war alt, die Libyca jung; Daniel war jung, die Persica alt. Von dieser Form des Gegensatzes ist in der Spannung zwischen Cumäa und Hesekiel nichts mehr zu spüren. Die Persica trug die Zeichen der schwindenden Lebenskraft; sie war eine gebrechliche alte Frau. Bei der Cumäa sitzt der greise Kopf auf einem Körper von höchster muskulöser Kraft (Abb. 6). Sie ist alterslos – wenn man will: steinalt; dem fließenden Gegensatz von Licht und Dunkel, von Jungsein und Altwerden gänzlich enthoben. Mit ihrem hünenhaften Wuchs und ihrem sorgenvollen, verrunzelten Antlitz wirkt sie wie das Bild der Urmutter, deren nährende Kräfte niemals versagen. Unter allen Sibyllen ist sie die einzige, deren Brüste sichtbar sind.[83]

In den erläuternden Lünetten sind Idyllen fürsorgender Mutterliebe. Hier wiegt die Mutter ein Kind in Schlaf und hält ein anderes im Arm. Dort wird sie von einem Kind umhalst, während sie ein zweites nährt und um ein drittes schüt-

[83] Der Ausdruck „Urmutter" für die Kirche bei Dante (vgl. oben).

zend ihren Arm legt. Diese Gruppe hat die Einbildungskraft späterer Generationen immer wieder beschäftigt. Ihre Nachwirkung lässt sich bis tief ins 18. Jahrhundert verfolgen. Aber schon die frühesten Kopisten (z.B. Cranach) erkannte in ihr eine „Caritas“. Fra Bartolomäus hat die Gruppe für sein Bild der „Misericordia“ verwendet.

„Caritas“, „Misericordia“ – dies sind auch die Worte, die aus dem Bild des Medaillons über dem Haupte der Sibylle sprechen. Denn es war das begnadete Mitleid des Papstes Gregor, das den gerichteten Trajan aus dem Fegefeuer erlöste. Es ist der höchste Sieg der Gnade über das Gesetz, aber zugleich auch das Sinnbild ihrer Vereinigung. Der Begnadete empfängt den Gerechten, wie Melchisedek Abraham empfing. Der Priester bringt dem Ritter die Labung: Und die Labung ist Brot und Wein.

Die Verwaltung des Sakraments ist die Sorge der Cumäa. Unter ihr, der Sibylle Roms, ist das Bild des Papstes, vor dem der Kaiser kniet. Die Macht unterwirft sich dem Wort, die Kraft tritt in den Dienst des Geistes. Dies erklärt bis in die letzten Einzelheiten, Gebärde und Haltung der Sibylle. Man hat gesagt, sie sei weitsichtig – im Gegensatz zur kurzsichtigen Persica. Es ist eine erklügelte Antithese. Was die Persica dunkel sucht und mühsam ahnt, ist der Cumäa ein gesicherter Tatbestand. Auch sie ringt mit den Worten, aber nicht, um es zu ergründen, sondern um es zu behalten: Sie *memoriert*. Der Mund ist geöffnet, als spräche sie sich die einzelnen Sätze vor, deren Wahrheit und Wirklichkeit durch die Kraft ihres Körpers erneuert und geschützt werden sollen.

Es ist die Tatwerdung des Wortes, der Augenblick, wo der mächtige Körper dem Wort begegnet und es sich gelassen zueigen macht.

Den Propheten Hesekiel aber ergreift der gleiche Vorgang in entgegengesetzter Richtung. Sein ist das Wort, das plötzlich in Tat umschlägt, die Einsicht, die vom Körper Besitz ergreift, ihn „besessen“ macht und zur Handlung zwingt (Abb. 6). Aber dieses Umschlagen des Wortes in Tat ist wie ein Kampf. Der Mund ist fest verschlossen, er kann nicht reden. Aus den weit aufgerissenen Augen und der gewaltsamen Gebärde schreit das Wort, das die Sibylle ruhig buchstabiert. Im Augenblick des fantastischen Entschlusses ist nicht der Mund, sondern sind Auge und Hand die Werkzeuge des göttlichen Willens.

Über diesem Stummen, Rasenden ist das Bild der Schlacht, die die Gebeine des Herrn vor dem Frevel bewahrt und sie zu Heiliger Bestattung rettet. Unter ihm, dem krampfhaften Ergriffenen, sind – wie Sinnbilder der Spannung, die ihn selbst zum Besessenen machen – die düsteren Zeichen der Menschwerdung: die schwangere Frau in der Qual der Gebärde, die gepeinigte Mutter, die sorgenvoll ihre Kinder vor Tod und Verfolgung rettet.

Es ist auffallend, wie die vier Lünetten-Gruppen, die in dieser Mittelachse zusammentreffen, ausnahmslos Szenen der Mutterschaft schildern. Sie sind als

Kommentar gedacht zu dem Mittelbild mit der Erschaffung Evas, der Urmutter. Diese Urmutter ist die Kirche, die von der Blutspende aus der Seitenwunde Christi lebt. Das Sakrament, das sie den späteren Generationen hinterlässt, ist ein begnadetes und gefährdetes Vermächtnis. Hesekiel und Cumäa verhalten sich zueinander, wie Außen- und Innendienst der Kirche. Nach außen ist sie kämpferisch, militant; nach innen ist sie fürsorglich, caritativ.

25 Schöpfung und Sünde; Vision und Predigt

Die Fleischwerdung des Gebeins, die Tatwerdung des Wortes, bezeichnet die Vollendung der Vision – den Höhepunkt, über den hinaus es keine Steigerung mehr gibt. Der Prophet muss sich umwenden – wie im platonischen Höhlengleichnis der Sonnenpilger sich umwenden muss, um die Kunde des Lichts in die Höhle zurückzutragen. Der Höhepunkt ist zugleich die Peripetie.

Mit der Erschaffung Evas wird die Gemeinschaft gegründet. Aber mit ihr kommt auch die Sünde in die Welt. Von nun an wirkt Gott nicht mehr als unmittelbare Ursache des Geschehens. Sein Bild erscheint hier zum letzten Mal. Die Geschichte der göttlichen Schöpfung schließt, und es beginnt die Geschichte des sündigen Menschen.

Auf dieser neuen Stufe sind Zweck und Gegenstand der Prophetie nicht mehr die gleichen wie früher. „Das Licht ist in die Welt gekommen" – dies war der Sinn des ersten Schöpfungswortes. Diesen Sinn zu ergründen, waren Propheten und Sibyllen bemüht. Es ist gleichsam Gottes eigenes Antlitz, in dessen Züge sie sich versenken.

Aber Gottes Antlitz ist nicht mehr zu sehen, wenn die Geschichte des sündigen Menschen beginnt. Es sind die sündigen Menschen selbst, auf die der Blick der Sibyllen und Propheten sich richtet.

In aller Prophetie sind zwei verschiedene Kräfte enthalten: Eingebung und Verkündigung, Predigt und Vision. Die Eingebung ist die Ergriffenheit durch Gott, die Verkündigung wendet sich an die Gemeinschaft der Menschen. Bis zu dem Bilde, dass die Tatwerdung des Geistes zeigt – die Geburt der Eva, die Blutspende Christi – sind die Propheten und Sibyllen als Gottergriffene im Zustand der Eingebung dargestellt. Auch Daniel, der doch dem König das Urteil verkünden musste, ist nicht als Verkündender aufgefasst, sondern als vom Geist Ergriffener, der emsig schreibt. Er deutet das Wort, aber er spricht es noch nicht. Und selbst Hesekiel kann noch nicht reden, obwohl in ihm der kritische Punkt erreicht ist, wo das Wort sich äußern muss und in die Tat umschlägt. Erst bei der Cumäa löst sich der Krampf. Die Sprache ist da und mit ihr die Ruhe. Anstelle der Schwangeren in der Qual des Gebärens, anstelle der Verfolgten, die für ihre Kinder fürchteten, erscheinen die friedlichen Szenen der Mütter, die liebend für ihre Kinder sorgen, oder deren einziger Plagegeist die Kinder selbst sind.

Von nun an sind es nicht mehr Grade der Vision, Stufen der Ergriffenheit durch Gott, sondern Grade der Verkündigung, Stufen der Predigt gegen die Sünde, die in den Gebärden der Sibyllen und Propheten zum Ausdruck kommen. Dass ein Umschwung stattfindet, hat Michelangelo schon durch ein äußeres Zeichen kenntlich gemacht. Die Reihenfolge, in der man die Propheten und Sibyllen betrachten soll, schlägt plötzlich in die Gegenrichtung um.

Bisher hatten wir (vom Altar angefangen) die Richtung von Jeremias zur Libyca, von der Persica zu Daniel, von Hesekiel zur Cumäa eingehalten. Denn so schreiben es die zugehörigen Lünetten vor, deren Reihenfolge durch die Abfolge der Namen im Stammbaum Christi festgelegt ist. Von Jesaja an müssen aber die Namen in den Lünetten im Gegensinn abgelesen werden, um die Reihenfolge des Stammbaums zu ergeben. Es folgt, dass auch die Abfolge der Propheten und Sibyllen von nun an im Gegensinn verläuft: von Jesaja zur Eritrea, von der Delphica zu Joel. Was diese Umkehrung zu bedeuten hat, kann man am besten erkennen, wenn man die Eckfelder betrachtet. Auch sie sind von der Umkehrung – dem Gesetz der alternierenden Eurythmie – beherrscht. Denn die „dunklen“ und die „lichten“ Seiten der Altar- und Eingangswände sind nicht parallel, sondern diagonal aufeinander bezogen. Das dunkle Judithbild steht auf der gleichen Seite wie das lichte Bild der Ehernen Schlange, das lichte Bild des David steht auf der gleichen Seite wie das dunkle Bild der Kreuzigung Hamans. Daraus erklärt sich auch, was die Umwendung in der Anordnung der Propheten und Sibyllen zu bedeuten hat. Jesaja und die Delphica, die auf der Seite sind, wo bisher die „lichten“ Sibyllen und Propheten waren, sind als „dunkle“ Seher aufzufassen. Joel und die Eritrea aber sind „lichte“ Seher, obwohl sie auf der Seite stehen, die bisher die „dunkle“ war.

26 Die Genien der Dunkelheit und des Lichts

Um diesen Richtungswechsel im Einzelnen zu verstehen, ist es notwendig, eine Gruppe von Gestalten zu betrachten, die wir bisher fast ganz außer Acht gelassen haben: die inspirierenden Genien, die die Propheten und Sibyllen paarweise begleiten. Tolnai hat für die Deutung dieser Genienpaare die grundlegende Beobachtung gemacht, dass einer dieser Genien immer eine helle, der andere immer eine dunkle Hautfarbe hat. Dass damit eine dunkle und eine lichte Seelenkraft gemeint ist, wie das schwarze und das weiße Pferd im platonischen Gleichnis des Seelenwagens – ist außer Zweifel. Nach unserer bisherigen Deutung scheint es nicht einmal notwendig, sehr lange nach Namen für diese Kräfte zu suchen. Denn Licht und Dunkel, Tag- und Nachtseite des Geschehens waren die Gegensätze, aus denen sich die Dialektik des Systems als Ganzes entwickelte. Das Licht bedeutet die göttliche Gnade, das Dunkel das gerechte Gesetz der Vergeltung. Der lichte Genius ist der Genius der Klarheit und Liebe, der verzeihende Trieb des ewigen Erbarmens, der dunkle Genius ist die Kraft des Gesetzes, der Wille zur sühnenden Gerechtigkeit.[84]

Diese Triebe ergreifen die Propheten und Sibyllen. Sie sind das Werkzeug der Eingebung. So vielfach verschieden sie sich zueinander verhalten können, so vielfach verschieden sind die Formen der Prophetie. Wo die blinde Libyca vom Licht getroffen wird, da wendet sich der lichte Genius dem dunklen zu und weist ihn hin auf das Wunder (Abb. 2). Wo aber Jeremias im Dunkel versinkt, da ist der lichte Genius wie gelähmt und der dunkle wie erstarrt. Der eine blickt klagend auf die Schrift hinab, die Jeremias nicht mehr lesen kann, der andere blickt unerbittlich ausdruckslos vor sich hin wie eine empfindungslose Parze. Es ist keinerlei Spannung zwischen beiden, sie sind außer Kontakt. Der Funke springt nicht über.

Hinter der visionären Persica stehen die Genien mit wachhellen Augen wie Schlafwandler. Der Gegensatz zwischen Dunkel und Hell ist ausgelöscht, wo die Erkenntnis aus Träumen redet und sich selbst nur mit Mühe versteht. Bei Daniel aber ist der Kontrast in voller Schärfe da. Die Gerechtigkeit spricht zu ihm als ein dunkles Traumgesicht – wie der Engel des Todes, der zu Abias redet. Aber die Liebe hält ihm die Bücher des Lebens, die das richtende und erlösende Wort enthalten.

In Jonas streben die Kräfte des Lichts und Dunkels, des Gesetzes und der Gnade, gewaltsam auseinander. Der dunkle Dämon sinkt tief zur Erde hinab, der lichte Genius schwingt sich nach oben (Abb. 2). In seinem Flug wehrt er mit erhobener Hand dem gerechten Hader des Propheten.

Die gleiche Spannung bewirkt bei Hesekiel nicht den Zwiespalt, sondern die Steigerung der Kräfte. Aus dem Gegensatz erwächst ihm die Wucht des Ausdrucks. Die Genien streben nicht auseinander, sondern der Dunkle ist gleichsam die Triebkraft der Handlung, für die der Lichte die Steuerung ist. Der Wille sitzt Hesekiel wie ein Sturmwind im Nacken, aber die liebende Einsicht lenkt ihn nach oben. Es ist jene höchste Vereinigung von Leidenschaft und Klarheit, die in gemilderter Form noch dem 18. Jahrhundert das Ideal des vollkommenen Ausdrucks war: „On life's vast ocean diversily we sail. Reason the card, but passion is the gale".

Bei Zacharias aber ist alle Spaltung verschwunden. Beide Kräfte sind gänzlich ausgesöhnt. Der dunkle Genius legt seinen Arm um die Schulter des lichten

[84] Da der dunkle Genius – oft nicht weniger als der helle – die Propheten inspirierte (Daniel, Hesekiel, Jesaja), wäre es verfehlt, in ihm eine böse, sündige oder überhaupt negativ zu bewertende Kraft zu erblicken.

und beide lesen ruhig den Propheten-Text mit, der da sagt, dass die Sünden vergeben werden.

Dieses Maß von Gleichmut und Seelenfrieden erscheint nur an einer einzigen Stelle: bei der Cumäa, in deren mildtätigem Werk sich die Kraft mit der Einsicht versöhnt. Hier hält wieder der dunkle Genius den lichten freundschaftlich umschlugen, und beide verfolgen mit gütiger, humorvoller Teilnahme, wie die Sibylle den Text buchstabiert. Der Furor des Hesekiel hat seinen Gegenpart in dieser Caritas, wie der Zwiespalt Jonas' seinen Gegensatz fand in der Eintracht Zacharias'. Was aber Zwiespalt und Eintracht, Furor und Caritas bewirken, ist die gleichzeitige Ergriffenheit durch Gesetz und Gnade, deren Wechselbeziehung im Gleichnis zu durchleuchten die Mission der Propheten und Sibyllen ist.

Aber auch hier ist zu unterscheiden zwischen Vision und Predigt. Die bisher besprochenen Propheten und Sibyllen zeigen den Zustand der Eingebung in allen Stufen und Formen, aber die Verkündigung nur in der Gebärde des Hesekiel, der zur Handlung aufruft, ohne den Mund zu öffnen. Keine einzige dieser Gestalten war ein Prediger – die nun folgenden sind es alle.

27 Das Werk der Bekehrung

(Jesaja, Eritrea, Delphica, Joel)

„Eine Stimme rief: Predigt! – Und er sprach, was soll ich predigen?“[85] Dem Ruf des Genius folgt Jesaja mit einer Gebärde des Unwillens (Abb. 5). Es ist die Umwendung von der Versenkung in das Gotteswort zur Predigt an die sündigen Menschen. Der dunkle Genius ruft ihn auf, der lichte ist erschrocken zur Seite gewichen; denn das Wort, das Jesaja sprechen wird, kündigt die Nichtigkeit des Menschendaseins im Vergleich zur Herrlichkeit Gottes. Es droht den Ungläubigen mit Vernichtung.

In dem Bild des Medaillons wird Sanherib von seinen beiden Söhnen erschlagen; der Engel des Herrn vernichtet sein Gefolge.

Der betende Heskias aber ist der betende Christus, der am Ölberg den Engel erblickt, während die Jünger schlafen. „Und er kam zu seinen Jüngern und fand sie schlafend, und sprach zu Petrus: Könnt ihr denn nicht eine Stunde mit mir wachen? Wachet und betet, dass ihr nicht in Anfechtung fallet!“[86]

In den Lünettenfiguren wird dieser Gedanke wieder aufgenommen. Der Alte sitzt schlafend und achtet der Dinge nicht. Und während er schläft, wird von der sündigen Frau das Kind der Gnade hinweggetragen.

[85] Jesaja 40, 6.

[86] Matthäus 26, 40–41.

Jesaja gehört zu den „dunklen“ Propheten. Das Buch, in das die Cumäa hineinblickt, hat er geschlossen, und die ungeduldige Art, mit der er sich umwendet, der gespannte Kontrapost seiner Haltung, steht in deutlichem Gegensatz nicht nur zur tiefen Ruhe der Cumäa, sondern auch zur zielsicheren Leidenschaft des Hesekiel. Die reine Tat ist der Gegenpol zur reinen Betrachtung. Darum ist Hesekiel der Gegenspieler zur Cumäa. Aber die Tat enthält in sich selbst die Gegensätze der Richtung. Hesekiel wird vom dunklen Genius getrieben und vom lichten gelenkt. Jesaja aber wird vom dunklen Genius aufgerufen, während der lichte erschreckt zurückweicht.

Die Eritrea, ihm gegenüber, ist frei von diesen Konflikten. Die Genien bezeugen es: Sie gehören auf die Seite des Lichts. Der helle Genius zündet die Lampe an, damit der dunkle, der noch schläft, erwacht und sieht (Abb. 5). Die Sibylle selbst ist ruhig und gelöst. Sie hat das Buch, das Jesaja ungeduldig zuklappt, weit offen vor sich aufgestellt, nicht um – wie die Cumäa – seinen Text zu erlernen, sondern um auf eine bestimmte Stelle hinzuweisen. Sie zeigt mit dem Finger auf das Wort, als sagte sie: Ecce! Und „Ecce homo“ ist die Szene, die über ihr in dem Medaillon erscheint. Und wiederum „Ecce“ scheint die weisende Gebärde des Knaben zu sagen, der in der Lünette den Blick des Tyrannen auf das Bild des gläubig Harrenden lenkt, der am Weg auf den Heiland wartet. Diese weisende Gebärde (die als Sinnbild selbst von der Götzenstatue im Medaillon wiederaufgenommen wird) ist die Gebärde des Bekennens: „Wahrlich, dieser ist Gottes Sohn gewesen“. So spricht der gläubige Hauptmann unter dem Kreuz und weist, wie Noah, nach oben.

Die Drohung der Vernichtung für die, die nicht glauben, ist das Wort des gesetzeszornigen Jesaja; das hinwies auf den Heiland, auf die Menschwerdung Gottes, ist das Wort der gnadengläubigen Eritrea. Was der Prophet mit dunkler Ungeduld ausspricht, beweist die Sibylle an der lichten Klarheit der Schrift. Es ist auf Seite der Predigt, des Aufrufs zur Bekenntnis, der gleiche nur im Gegensinn aufgefasste Kontrast, wie zwischen der persischen Sibylle und dem Propheten Daniel auf der Seite der visionären Gotteserkenntnis. Zum Unwillen Jesajas verhält sich die Klarheit der Eritrea, wie zur Ahnung der Persica die Einsicht Daniels. Das Gesetz der alternierenden Eurythmie greift also viel weiter, als man zu Anfang vermuten konnte. Es bestimmt nicht nur die Richtungsänderung in der Gruppierung als ganzer und die paarweise Zuordnung der einzelnen Gestalten, sondern es ergreift auch das Wechselspiel zwischen diesen Paaren selbst, die in gleichen Abständen von der Mitte im Gegensinn symmetrisch aufeinander bezogen sind. Die klare Evidenz des Wortes, auf das die Eritrea hinweist, ist das Gegenteil zur dunklen Hieroglyphe, die die Persica zu entziffern sucht; und so ist auch der Unwille des Jesaja der Gegensatz zur emsigen Beflissenheit Daniels. – Zu den antithetischen Spannungen der Querrichtung (Persica – Daniel; Jesaja

– Eritrea) treten also entsprechende Antithesen in der Längsrichtung (Persica – Eritrea; Jesaja – Daniel).[87]

28 Heilige Abwehr

(Delphica, Joel)

Der Deutung der letzten Propheten und der letzen Sibyllen kommt die Erkenntnis dieser Kontraste, die sich in der Längsrichtung entfalten, zugute. Die zunächst so schwer zu erklärende Gebärde der Delphica wird unmittelbar verständlich, wenn man in ihr den Gegensatz zur Gebärde der Libyca erkennt. Der Ausdruck der Libyca ist entzückte Betroffenheit, der der Delphica ängstliche Abwehr. Die Libyca, vom Licht der Gnade verwirrt, ist blind und hat die Augen geschlossen. Die Augen der Delphica sind weit offen, denn sie hat tief in das Dunkel der Sünde geblickt (Abb. 3). In den Lünetten unter ihr ist Streit und Zerwürfnis: der zankende Ehemann, dem die Frau davonläuft, und das widerspenstige Kind, dem der Satan ausgetrieben wird. Das Medaillon über ihr zeigt Mord und Verrat: Abner wird von Joab meuchlings erstochen; der Jünger Judas verrät den Herrn. Dass Christus sich der Marter durch die Sündigen aussetzt, dass er sich hineinbegibt in die Welt der Pein, um für sie zu leiden und durch sie zu sterben, ist das schreckenvolle Wissen der Sibylle: „Dabit ad verbera dorsum suum ed colaphos accipiens tacebit".

Der visionäre Blick ist der Blick in Sünde und Qual. Die begleitenden Genien erläutern es. Der lichte hat seinen Kopf tief in ein Dokument gesteckt, dem der dunkle keine Beachtung schenkt; sein Blick schweift träumend ins Weite. Das kleine Drama, das hier beginnt, findet seinen Abschluss auf der gegenüberliegenden Seite. Dort hat, hinter dem Propheten Joel, der lichte Genius das Schriftstück zugeklappt und weist den dunklen Genossen energisch zurecht. So ist die angsterfüllte Gebärde der Delphica der Auftakt zur zornigen Entschiedenheit Joels.

Dieser Zorn ist der Zorn des Zuversichtlichen. Der feste zielsichere Blick des Joel muss als Kontrast verstanden werden zu dem matten, sterbenden Blick des Jeremias. Was für Jeremias das Hoffnungslose der Gnadenwahl ist, die Trennung

[87] Dieses System greift auch auf die Medaillons über. Das Medaillon über Joel, „Todessturz Jorams" („Sturz des Satans") war als Gegensatz gedacht zu dem Medaillon über Jeremias, der „Auffahrt des Elias" („Himmelfahrt Christi"). – Ebenso ist auch das Medaillon über der Eritrea mit der „Ecce homo" Szene, in der die Ungläubigen den Heiland verspotten und bedrohen, als Gegenstück aufzufassen zu dem Medaillon über der Persica mit den „Jüngern von Emmaus". – Zu dem Medaillon über Jeremias ist der Reiter der Rettungsengel, der dem Betenden die Befreiung bringt. In dem Medaillon über Daniel ist der Reiter der todeswütige Joab, der heranstürmt, um den vermessenen Absalom zu strafen. – Über der Delphica („Bedrohung Abners") der hinterhältige Mord unter dem Tor. – Über der Libyca („Opfer Abrahams") das von Gott geforderte Sohnesopfer.

von Licht und Finsternis, durch welche die, die das Licht nicht sehen, verurteilt und gerichtet sind, ist für Joel die sichere Verheißung, dass die dunklen Mächte die Unterlegenen sind und sich der Macht des Lichts unterwerfen müssen (Abb. 3). „Die Häscher fallen vor Christus nieder",[88] die Bedrohung des Weinbergs wird gesühnt; denn auf demselben Weinberg, den Ahab raubt, wird Joram – der Satan – getötet und gestürzt. Die Gläubigen, die – wie hungernd – auf den Heiland warten, erhalten die Speise des Sakraments.[89]

29 Das Schema der Prophetischen Kräfte

Ein streng symmetrischer Aufbau geht aus dieser Deutung der Propheten und Sibyllen hervor. Jede Gestalt findet ihren Gegenpart nicht nur in der ihr zugeordneten Figur der gegenüberliegenden Seite, sondern auch in der Gestalt, die auf der gleichen Seite in entsprechendem Abstand jenseits der Mitte erscheint. Das Schema dieser Zuordnung lässt sich graphisch am leichtesten darstellen, wenn man für die antithetisch aufeinander bezogenen Figuren, die gleichen Zeichen einführt: (Abb. 28).

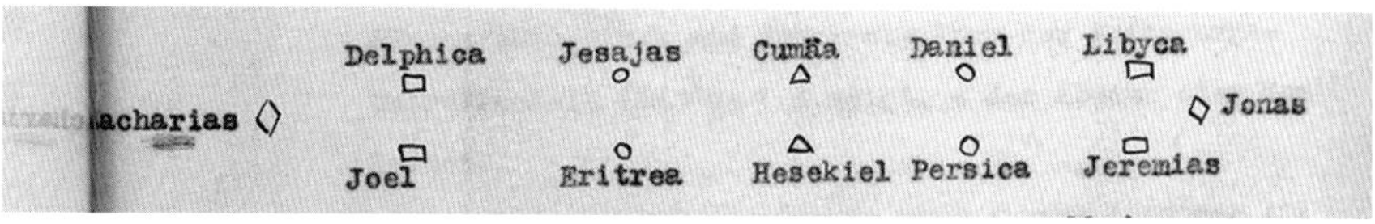

Abb. 28 aus dem Typoskript Edgar Winds

Die paarweise Zuordnung dieser Zeichen soll dann sowohl in der Längs- wie in der Querrichtung (nicht aber in der Diagonale) erfolgen.

Lässt man Jonas und Zacharias zunächst außer Betracht und prüft nur die Zusammenhänge zwischen den Propheten und Sibyllen der beiden Längswände, so wird deutlich, dass diese zehn Figuren sich zu drei Gruppen zusammenschließen, von denen die erste die vier Eckfiguren, die zweite die vier mittleren und die dritte die zwei zentralen Figuren umfasst. Wenn unsere inhaltliche Deutung richtig war, so verhalten sich diese drei Gruppen zueinander wie etwa Affekt, Erkenntnis und Wille. Sowohl Jeremias und die Libyca, wie auch die Delphica und Joel waren im Zustande des reinen Affekts dargestellt; nur dass dieser Affekt bei Jeremias und der

88 Medaillon über Joel.

89 Lünettenfiguren unter Joel.

Libyca seine Quelle in einer übernatürlichen Vision hat und daher die Form der göttlichen Ergriffenheit (μανία) annimmt, während er bei der Delphica und Joel aus der Betrachtung der irdischen Sünden entspringt und daher die Form der Erfahrungsbetroffenheit (πάθημα) zeigt – der Abwehr oder des Zornes.

In der mittleren Gruppe wird dieser spontane Affekt in die Form vermittelnden Wissens umgesetzt, aber wieder teilt sich dieses Wissen in die Form des gottzugewandten Suchens und Deutens, wie es die Persica und Daniel üben, (ερμηνεία), und der an die sündigen Menschen gerichteten Belehrung, die sich äußert im unwilligen Aufruf des Jesaja und im überführenden Beweis der Eritrea (απόδειξις).

In der mittelsten Gruppe aber, in der die Cumäa und Hesekiel sich gegenübertreten, konzentrieren sich die Kräfte in der Form des Willens und führen zur Tat und Verwirklichung (ποίησις). Hier, im Zentrum, erfolgt die Auslösung der Spannung zwischen den beiden Polen des prophetischen Zwanges: innerer Ergriffenheit durch Gott (μανία) und Betroffenheit durch die Erfahrung der Sünde (πάθημα).

Diesem höchsten Ausgleich in der Mitte wirkt in der Längsrichtung – an den äußeren Enden – die höchste Spannung entgegen; denn Jonas und Zacharias verkörpern die beiden Pole in einer so extremen Form der Vollendung, dass sie jeder – als Gegenspieler des anderen – eine Art transzendenten Reinzustand erreichen. In Jonas steigert sich die μανία bis zur Extase. Was bei Jeremias und der Libyca zur Blindheit führte, führt bei ihm zur völligen Spaltung der Person. Er ist der einzige unter allen Propheten, der unmittelbar in das Antlitz Gottes blickt, und zugleich der einzige, bei dem die Prophetie in Hader umschlägt. – Zacharias aber ähnelt eher einem Einsiedler als einem Propheten. Sein Ausdruck ist der der schlichten Betrachtung. Er sitzt unbekümmert in seiner Klause, als gäbe es keine Sündenwelt, die der Bekehrung bedarf, und liest stillvergnügt das Gotteswort. Das πάθημα, das in Joel und der Delphica noch Spannung und Gegenhandlung erzeugt, ist herabgemildert zur einfachen Wahrnehmung αίσθησις.

An diesen beiden Grenzpunkten aber, wo die Ergriffenheit in Ekstase übergeht und die Betroffenheit in schlichte Hinnahme, hört die Prophetie im eigentlichen Sinne auf. Jonas sowohl wie Zacharias sind aus der Rolle gefallene Propheten: Zacharias lebt mit seiner Umwelt in Frieden und Jonas hadert mit Gott. Es ist die Paradoxie des Propheten im Angesicht der eschatologischen Erfüllung. Die Spannung, an der sich das prophetische Feuer entzündet, der Konflikt zwischen Ergriffenheit durch Gott und Betroffenheit durch die Sünde, steht unter den Bedingungen der Zeitlichkeit. Wenn die Zeit vorbei ist und die Endzeit anbricht, ist der prophetische Furor ein Widersinn. Gesetz und Gnade sind eins geworden, und vor dem Rätsel dieser unbegreiflichen Einheit, die Zacharias als schlichte Tatsache hinnimmt, will sich der Verstand des Jonas empören.

In Jonas zerbricht das menschliche Gefäß vor dem Anprall der göttlichen Offenbarung. Auf Zacharias aber wirkt sie als Heilskraft und überbringt ihm die Worte des Friedens. Es hat einen tiefen liturgischen Sinn, dass der vernichtete Prophet über dem Altar erscheint, der beruhigte Prophet über dem Ausgang. Den Eintretenden empfängt das Wort des Mysteriums, das in seiner höchsten Ausdrucksform am Altar das menschliche Dasein zu sprengen droht. Wenn aber der Gläubige die Kapelle verlässt, begleiten ihn die Worte des Trostes: „Siehe, ich habe deine Sünde von dir genommen und habe dich mit Feierkleidern angezogen“.

30 Prophet als „Gesetz“; Sibylle als „Gnade“

In Zacharias und Jonas kommt das messianische Motiv, die Vereinigung von Gesetz und Gnade, am reinsten zum Ausdruck. Das zeigt sich schon bei der Verbindung ihrer Prophetie mit der Thematik der zugehörigen Eckfelder und Lünetten, und es bestätigt sich an ihrer Sonderstellung als Figuren der Altar- und Ausgangsseite. Das messianische Motiv bleibt aber nicht auf sie beschränkt, sondern greift, wie aus den Eckmedaillons hervorgeht, auf die Propheten und Sibyllen der Längswand über. Was an den polaren Grenzpunkten als „Coincidentia oppositorum“ erscheint, legt sich hier in den Gegensatz von Gnade und Gesetz auseinander. Die Sibyllen predigen das Wort der Liebe, die Propheten das der vergeltenden Gerechtigkeit.

Wie die Persica von der erkennenden Liebe redet, von der Heilung des Tobias und den Jüngern von Emmaus, da verkündet Daniel die erkennende Gerechtigkeit: die Tötung Absalons, den Selbstmord des Judas. Die Libyca aber, die ihnen vorangeht, ist die blinde Liebe, die, vom Strahl der Gnade getroffen, das einzelne noch nicht erkennen kann und in lichter Verwirrung tastet und tanzt. Und so ist Jeremias die blinde Gerechtigkeit, die bei der Trennung von Licht und Finsternis die dem Gesetz Verfallenden verderben sieht und keinen Weg weiß, sie zu retten.

Aus Jesaja redet der Unwille des Gerechten, und der Zorn des Gerechten aus Joel; aber die geduldige Liebe spricht aus dem Hinweis der Eritrea, und die Liebe des Mitleids aus der Betroffenheit der Delphica, die die Tiefe der Sünde und die Schwere des Opfers, durch das sie entsühnt werden muss, erkennt.

Auch bei der Tatwerdung des Worts in Hesekiel und der Cumäa legt das Wort sich in Gesetz und Gnade auseinander. Der Prophet ruft die Gerechten zum Kampf, die Sibylle ist ein Gleichnis der Caritas.

Der Abstraktion, der wir uns mit dieser Deutung annähern – Sibylle = Gnade, Prophet = Gesetz – hat Michelangelo selbst in der letzten Fassung des Juliusgrabes verkörpert. Dort erscheint über der Statue der Lea, dem Sinnbild der „Werke“, die anonyme Figur eines Propheten, und über Rahel, dem Sinnbild des „Glaubens“, als Gegenstück die Figur einer Sibylle. Und noch ein anderer, sehr auffallender Zug dieser letzten Fassung des Grabmals wird jetzt begreiflich: Lea hat alle äußeren Symbole, sowohl Kranz wie Spiegel, auf sich vereinigt; Rahel hat überhaupt kein Emblem, sondern ist nur durch die Gebärde des Betens gekennzeichnet. Ebenso hat der Prophet sowohl Schriftrolle wie Buch, er sitz da wie ein antiker Gesetzgeber. Die Sibylle bedarf dieser Zeichen nicht. In der Gnadengebärde der Annunziata hat sie die Hand auf die Brust gelegt.

In den früheren Entwürfen war der Gegensatz von Gesetz und Gnade in viel reicheren Formen durchgeführt worden. Zu Lea und Rahel, zu Propheten und Sibyllen,[90] traten dort vor allem Moses und *Paulus*. Ohne Zweifel sollte dieser Gegensatz des alten und des neuen Bundes auch in der späten Form des Grabmals noch anklingen. Aber die Neuaufstellung des Moses zu Beginn des 19. Jahrhunderts hat die Akzentverteilung völlig verwirrt. Um ihn gut sichtbar zu machen, hat man ihn aus der Nische herausgenommen, ihn höher gestellt und nach vorne geschoben. Denkt man ihn sich in die Nische zurückversenkt, so ist er die tiefste Figur des gesamten Grabmals, und so verlangt es der Sinn; denn das Widerspiel von Gesetz und Gnade, das durch die Symmetrie der Statuen den Aufbau in der Querrichtung beherrscht, sollte auch in der Mittelachse als vertikale Entsprechung wirksam werden. Tief unten: das Gesetzesbild des zürnenden Moses. Hoch oben: das Gnadenbild der Madonna. Zwischen beiden die liegende Gestalt des Papstes: nicht als Toter, nicht einmal als Schlafender (wie in den Kardinalsgräbern Sansovinos), sondern als vom Tode Erwachter aufgefasst. Es ist in reduzierter Form der gleiche Bildgedanke wie in einem der früheren Gesamtentwürfe, wo der Körper des Papstes über dem Sarge schwebend – „sospendo“ sagte die Beschreibung Condivis – von Engeln getragen wird. Man hat dies immer dahin gedeutet, dass die Engel den Papst ins Grab senken, und hat nicht bemerkt, wie widersinnig diese Erklärung ist. Der Mensch wird von Menschen zu Grabe getragen, aber von Engeln daraus befreit. Die Engel tragen den Papst empor. Dieses Grabmal war – wie der Bilderzyklus der Decke – ein Triumphmal der Erlösungsgewissheit. Die Gegensätze von Moses und Paulus, Prophet und Sibylle, Lea und Rahel, sind versöhnt in der Erwartung der Auferweckung, wo Gesetz und Gnade eins sind.[91]

90 Rudolf Witkower hat mir seine Beobachtung mitgeteilt, dass Prophet und Sibylle schon im Entwurf von 1513 auf der oberen Plattform erscheinen.

91 Rudolf Witkower wies mich darauf hin, dass das früheste Beispiel eines Renaissancegrabs, das den Verstorbenen auf dem Sarge liegend als lebenden Menschen darstellt, Silvio Cosinis Grabmonument des Raffaello Maffei in Volterra ist (†1522). Über der liegenden Gestalt ist ein Schriftband mit den Worten: „Sic itur ad astra“. Damit ist auch dokumentarisch belegt, dass der Gedanke der Auferweckung diesem Typus des Lebendig-Toten zugrunde liegt. Sansovinos Darstellung der Toten als Schlafende ist eine Abwandlung der gleichen Idee: der Tod als Schlaf, von dem man aufwacht.

Dies ist – in der Bildersprache der Sixtinischen Decke – „das Zeichen des Propheten Jonas".[92] Als Michelangelo den ersten Plan des Bilderzyklus, der die Darstellung der zwölf Apostel vorsah, verwarf und an deren Stelle die Sibyllen und Propheten setzte, übertrug er den Gedanken der Heilsgewissheit in die Sprache einer messianischen Zukunftshoffnung. Dass durch die Trennung in Sibyllen und Propheten ein Kontrast der Formen und ein Wechselspiel entsteht, das durch die gerade Reihe der Apostelserie nicht zu erzielen gewesen wäre, wird allgemein als der eigentliche Grund des Programmwechsels angegeben. Aber in Michelangelos Arbeitsprozess ist die Wahl der künstlerischen Form nicht loszulösen von der religiösen Entscheidung. Der Kontrast und die Wechselbeziehung von Gesetz und Gnade sind der Ausdruck der Erlösungserwartung selbst.[93]

31 Der Doppelchor der Propheten und Sibyllen

Es ist auffällig, dass gerade diejenigen Propheten und Sibyllen, die in dem symmetrischen Schema der Zuordnung eine zentrale Stellung erhalten – die Cumäa und Hesekiel, Zacharias und Jonas –, in ihrer Haltung die Vereinigung der Gegenkräfte nicht in frontaler Beruhigung zum Ausdruck bringen, sondern in scharfer Profilstellung oder ausladender Gebärde, sodass ihr Blick über sie hinausgelenkt wird auf die nächstbenachbarte Figur.

Der Übergang von Jeremias zur Persica und von der Persica zu Hesekiel – das heißt, die Abfolge in der Längsrichtung, vom Altar her begonnen – vollzieht sich ohne Bruch bis zur Mitte; denn die Haltung dieser drei Gestalten weist fortschreitend von rechts nach links. Bei Jeremias ist diese Bewegung nur angedeutet, bei der Persica wird sie bestimmt und ausdrücklich, und bei Hesekiel steigert sie sich zur

92 Matthäus 12, 39 und 16, 4; Lukas 11, 29.

93 Die messianische Einheit von Gesetz und Gnade ist eine michelangelesche Abwandlung des Konkordanzgedankens, der gerade unter dem Pontifikat Julius' II. die monumentalsten Bildentwürfe hervorbrachte. Im Jahre 1508 – dem gleichen Jahr, in dem Michelangelo die Arbeit an der Sixtinischen Decke begann, begann Raffael die Fresken der Stanza della Signatura, wo die Disputà in der Form eines harmonischen Dogmas den Propheten und Sibyllen in der Spannung einer messianischen Erwartung verkündet. In dem gleichen Jahr – 1508 – ist auch Tizians großer Holzschnittzyklus „Der Triumph der Kirche" erschienen, wo die Helden und Propheten des Alten Testaments – Noah, den Kasten der Arche wie eine Bundeslade emporhalten – den Triumphzug der christlichen Heiligen und Märtyrer einleiten, auf den der Triumphwagen Christi folgt. In Tizians spätem Werk – der Pietà in Venedig – klingt der gleiche Konkordanzgedanke nach. Die Statue des Moses mit Stab und Gesetzestafeln ist das Gegenstück zur Statue der hellespontischen Sibylle, die das Gnadenzeichen des Kreuzes hält. Aus der Passionsgeschichte wird dieser Sibylle die Szene des Kreuzestodes als Gegenstand der Weissagung zugeschrieben. Vielleicht aber erklärt sich die Wahl der Hellespontica auch noch als geographischer Hinweis auf das Weltreich Venedigs, das hier eine religiöse Ausdeutung erhält. Der Löwenkopf an den Piedestals der beiden Statuen ist das Sinnbild des Heiligen Markus.

Emphase: Nach Hesekiel aber bricht sie ab. Die Eritrea und Joel führen die Reihe nicht weiter, sondern kommen in der entgegengesetzten Richtung auf Hesekiel zu. Fixiert man den Punkt, auf den die beiden Bewegungen hinstreben – die Mitte zwischen Hesekiel und der Eritrea – und betrachtet den entsprechenden Punkt auf der gegenüberliegenden Seite der Decke – die Mitte zwischen der Cumäa und Jesaja –, so sieht man, dass auch dort für die Propheten- und Sibyllenreihe ein Trennpunkt liegt – kein Hiatus, aber eine Zäsur. Die Gestalten streben hier auseinander. Jesaja, der Unwillige, lehnt sich nach rechts zurück und leitet damit eine Bewegung ein, die von der Delphica aufgenommen und verschärft wird, denn ihre Gebärde ist eine Abwehrgeste und zielt nach rechts, wo die weit geöffneten Augen hinblicken. Die Cumäa ist aber scharf nach links gewandt; in Daniel verstärkt sich diese Bewegung, und in der Libyca erreicht sie ihren Höhepunkt. Was für sämtliche Gestalten der Decke behauptet zu werden pflegt, gilt wirklich für diese Gruppe, aber für sie allein: Die Erregung der Gestalten nimmt zu, je mehr sie sich der Altarwand nähern. Für die gegenüberliegende Reihe (Jeremias – Eritrea – Hesekiel) gilt genau das Gegenteil: Jeremias, der dem Altar am nächsten ist, ist der Tiefpunkt – Hesekiel der Höhepunkt der Erregung.[94]

So wird die Gesamtgruppierung beherrscht von einer doppelten Gegenbewegung. Innerhalb jeder der beiden Längsreihen stehen eine „lichte" und eine „dunkle" Gruppierung zueinander im Richtungskontrast: Libyca – Daniel – Cumäa gegen Jesaja und Delphica; Joel und Eritrea gegen Hesekiel – Persica – Jeremias. Jede dieser Gruppen befindet sich aber auch in Gegenbewegung zu der ihr gegenüberliegenden Gruppe. Die Spannung verläuft sowohl in der Quer- wie in der Längsrichtung. Während die Reihe Cumäa – Daniel – Libyca sich in steigendem Maße der Altarseite zuwendet, wenden sich die Reihe Jeremias – Persica – Hesekiel in steigendem Maße von der Altarseite ab. Ebenso wendet sich wieder Joel und die Eritrea der Mitte zu, während sich Jeremias und die Delphica von der Mitte abwenden.

In diesem Doppelchor sind Zacharias und Jonas nicht mehr die führenden Stimmen, sondern gleichsam der Durchgangsakkord der Prophetie. Sie bezeichnen die Orte, an denen das visionäre Sehertum (am Altar) von lichter Ekstase in dunkle Apathie umschlägt, und die verkündende Prophetie (am Ausgang) sich von dunkler Betroffenheit zu lichter Zuversicht erhebt: Michelangelo hätte gewiss Zacharias nicht rein im Profil dargestellt, wenn er nicht gewollt hätte, dass man ihn als Teil der Gruppe betrachten soll, deren Bewegung auf der dunklen Seite in

[94] Zwei Fragen werden oft nicht hinreichend unterschieden: ob im Fortgang der Arbeit ein *Stilwandel* oder ein *Planwechsel* stattgefunden habe. Da die Arbeit sich über mehrere Jahre erstreckte, ist ein Stilwandel selbstverständlich. Ein Planwechsel lässt sich aber mit Sicherheit nur in einer einzigen, durchaus untergeordneten Stelle nachweisen.

Jesaja anhebt und in der Eritrea auf der lichten Seite ausklingt. Innerhalb dieser Gruppe bezeichnet er den Wendepunkt, wo der, welcher so tief in die Sünde geblickt hat, dass die Entsühnungsgewissheit ihm daraus entgegen leuchtet, von der düsteren in die heitere Stimmung verfällt.[95] Es ist der Augenblick der vollendeten Einfalt, wo Gesetz und Gnade dasselbe sind, wo Erkenntnis der Sünde Entsühnung bedeutet, wo die Strafe der Vergeltung zum Werkzeug der Erlösung wird, weil sie die Sündigen reinigt und befreit. Der Prophet, der diesen Grad der Versenkung erreicht hat, kann sich nun der Welt wieder zuwenden und ihr statt der düsteren Warnung die frohe Botschaft bringen. Wo die Delphica angsterfüllten Blicks dem Gang der Sünde zu wehren sucht, verkündet Joel mit zorniger Zuversicht den Sturz des Antichrist. Wo Jeremias unwillig das Buch zuklappt, zeigt die Eritrea gläubig auf das erlösende Wort.

Aber auf der Seite der erkennenden Prophetie ist dieser Durchgangspunkt nicht Beruhigung, sondern stärkste Krisis. In Jonas sind die Kräfte gespalten, die in Zacharias vereinigt sind. Diese Spaltung ist die Ekstase, aus der die visionäre Prophetie sich nährt. Auf dem Höhepunkt der Gnadenerkenntnis schlägt sie in dunklen Gesetzeswillen um: Die Reihe, die mit der mildtätigen Cumäa beginnt, endet in dem besessenen Kampfruf des Hesekiel.

Diese Gegenbewegung ist der optisch-dynamische Ausdruck der gleichen Spannung, die wir schon im Doppelsinn der Bildersprache gefunden haben. Sie enthält auch die Antwort auf die viel diskutierte Frage, in welcher Richtung man die Hauptbilder mit der Schöpfungsgeschichte ablesen soll. Seit Wölfflin beobachtet hat, dass die räumliche Orientierung dieser Bilder, die mit einem vom Eingang herkommenden Beschauer rechnen, der Reihenfolge der Genesiserzählung zuwiderläuft, die am Altar beginnt und am Eingang aufhört, hat man viel über diesen Widerspruch nachgedacht.[96]

Aber das Rätsel löst sich, sobald man weiß, dass die Bilder außer ihrer wörtlichen, auch noch eine übertragene Bedeutung haben, die genau in der durch die räumliche Orientierung gegebenen Blickrichtung zur Entfaltung kommt. Die Spannung zwischen räumlicher und inhaltlicher Orientierung wird dadurch symmetrisch verdoppelt:

1. Der direkten räumlichen Orientierung (vom Eingang zum Altar hin) entspricht eine übertragene ikonographische Bedeutung (Passionsgeschichte).
2. Der direkten ikonographischen Bedeutung (Schöpfungsgeschichte) entspricht eine übertragene räumliche Orientierung (vom Altar zum Eingang hin).

[95] Bei Dante entsteht die Läuterung durch die Versenkung in die Sünde.
[96] Vergl. Ernst Steinmann und neuerdings Karl Tolnai.

Betrachtet man den Altar als den Heiligen Ort und den Eingang als die Grenze zur alltäglichen Welt, so entspricht diese doppelte Bewegung dem Inhalt der Zyklen. Die Schöpfungsgeschichte führt von Gott zu den Menschen, das Erlösungswerk von den Menschen zu Gott. Dieses doppelte Thema wird durch die Gegenbewegung in der Haltung der Blickrichtung der Propheten und Sibyllen erläutert und gleichsam kontrapunktisch verstärkt. Folgen wir der Haltung der „lichten" Propheten und Sibyllen (d.h. Joel – Eritrea – Cumäa – Daniel – Libyca), so müssen wir notwendig auch die Reihe der zugehörigen Mittelbilder mit der „Verspottung Christi" („Schande Noahs") beginnen und mit der „Ausgießung des Heiligen Geistes" („Trennung von Licht und Finsternis") abschließen. Die Anordnung folgt der Chronologie der Passionsgeschichte. Lassen wir uns aber durch die Haltung der „dunklen" Propheten und Sibyllen leiten (Jeremias – Persica – Hesekiel – Jesaja – Delphica), so ist die „Trennung von Licht und Finsternis" das erste Bild, die „Schande Noahs" das letzte: Die Ordnung folgt der Chronologie der Schöpfungsgeschichte.

Für beide Lesarten liegt die Krisis – äußerlich durch den Seitenwechsel der richtungsgleichen Propheten und Sibyllen bezeichnet – an der gleichen Stelle: bei dem Bild vom Sündenfall und der Austreibung aus dem Paradies. Dies ist die Grenze, wo die Reihen sich trennen und wieder begegnen.[97] Der Akt der Versündigung, durch den die Menschheit ihre Obhut in Gott verleugnet und verliert, ist die große Wasserscheide der Prophetie, an der sie sich in Verkündigung und Seherschaft spaltet.

Aber dieses Bild des Sündenfalls hat eine zweifache Bedeutung. In einfacher Lesung war es das Urbild der Schuld, durch die die Menschen das Paradies verlieren. In übertragener Bedeutung aber ist der Baum des Paradieses das Kreuzesholz, das Zeichen der Erlösung. Während die Propheten und Sibyllen auf der einen Seite von diesem Bilde fortzuschreiten scheinen, streben sie, von Hesekiel und Eritrea geführt, auf der anderen Seite auf dieses Zeichen wieder zu. Es ist, als ob auch hier Licht und Dunkel voneinander getrennt und wieder miteinander ver-

[97] Tolnai hat die Entdeckung gemacht, dass genau an dieser Stelle (d.h. an der Grenze zwischen der „Erschaffung Evas" und dem Bilde des „Sündenfalls") ursprünglich die Chorschranke stand. Er schloss daraus – für mein Gefühl: mit vollem Recht –, dass diese Trennungslinie zwischen dem segenheischenden und dem segenverleihenden Teil der Gemeinde auch die Grenze zwischen Sünde und Reinheit bezeichne. Worin ich von ihm abweiche, ist nur die Form des Übergangs von der einen Bildgruppe zur anderen. Er sieht hier eine schlichte „Remanation", die gleichsam in gerader Linie aufwärts und in den Ursprung („das Ureine") zurückführt. Dieses Prinzip der einfachen Reihung scheint mir aber unvereinbar mit dem Prinzip der Gegenbewegung, das die Gesamtkomposition der Decke beherrscht und bezeugt ist: 1. durch den Richtungswechsel in der Anordnung der Namen der Vorfahren Christi, 2. durch die Vertauschung der „lichten" und „dunklen" Seite in den Eckfeldern, die auf die Gruppierung der Propheten und Sibyllen übergreifen, 3. durch die Gegenbewegung, die in der Haltung der Propheten und Sibyllen zum Ausdruck kommt.

einigt werden. Wo die „Austreibung aus dem Paradiese" erfolgt, dort spaltet sich die Reihe in Licht und Dunkel; aber sie schließt sich wieder, Licht und Dunkel begegnen einander, wo die Paradiesesfrüchte empfangen werden.

Dass diese Begegnung selbst keine friedliche ist, sondern wie in einer Heiligen Spannung, einer kämpferischen „Santa Conversazione" erfolgt, entspricht dem Grundgegensatz von Gesetz und Gnade. Die Kluft zwischen dem dunkel fordernden Hesekiel und der gläubig hinweisenden Eritrea ist die gleiche, die auch (im „Jüngsten Gericht") die Spannung zwischen Petrus und Paulus hervorruft und (hoch oben über dem Altar) in Jonas den prophetischen Hader erzeugt.

32 Der Chor der Begleitfiguren

Vier Gruppen von Begleitfiguren sind den Propheten und Sibyllen zugeordnet: „Die Sklaven" mit den Medaillons, die inspirierenden Genien, die Karyatidenpaare und die Schildhalter. Für die Sklaven und die Genien ließ sich zeigen, dass sie – wie in einem Reflex – die Stimmung wiederspiegeln, aus der die Weissagung der Propheten und Sibyllen entspringt. Gilt das Gleiche auch für die Schildhalter und Karyatiden?

Die Schildhalter sind die einzigen Gestalten, an denen sich mit einiger Wahrscheinlichkeit ein Wechsel nicht nur des Stils, sondern auch des gedanklichen Programms im Fortgang des Zyklus nachweisen lässt. Bis zur Mitte der Decke ist offenbar der gleiche Karton für je zwei einander gegenübergestellte Figuren verwendet worden. Hesekiel und die Cumäa, Jesaja und die Eritre. Joel und die Delphica haben einander entsprechende Schildhalter. Figuren, die in dieser Weise übertragbar sind, können unmöglich eine verbindliche Bedeutung haben. Sie erfüllen eine architektonische, aber keine gedankliche Funktion.

Nach der Mitte der Decke wird aber dieses einfache Schema aufgegeben. Jeder Schildhalter erhält eine besondere Gebärde. Die Figur unter Jeremias z.B. unterscheidet sich von den anderen dadurch, dass sie den Schild wirklich als Last empfindet und ihn *trägt.* Unter der Persica ist eine Gestalt mit verträumtem Ausdruck, die sich an die Stirn fasst. Der Schildträger unter der Libyca macht eine lebhafte Armbewegung, und der unter Daniel hat den Ausdruck gespanntester Aufmerksamkeit. Dass diese Gebärde den Zustand der Propheten und Sibyllen widerspiegelt, scheint außer Zweifel.[98]

Bei den Karyatiden ist die Verbindung mit den Hauptfiguren nicht auf den zweiten Teil des Zyklus beschränkt, sondern lässt sich von Anfang an verfolgen. Schon dadurch, dass die Karyatiden paarweise auftreten, können sie das gegen-

[98] Die Einzeldeutung möchte ich nicht wagen, da es an guten Photographien fehlt.

sätzliche Kräftespiel der Prophetie ebenso klar veranschaulichen, wie die Genien und die Sklaven. Ihre Gebärdensprache ergänzt und erläutert die der Propheten und Sibyllen und wird, wieder rückwirkend, aus dieser verständlich:

Jeremias – Libyca. Die Apathie des Propheten Jeremias, der beiden Genien und der Sklaven, die ihn begleiten, war ein Ausdruck für die Tiefe der Finsternis, von der das Licht sich getrennt hat. Im Finsteren scheinen auch die Karyatiden zu wandeln (Abb. 7). Sie blicken und schreiten aneinander vorbei – ein Sinnbild völliger Zerfahrenheit. Der eine greift den anderen an den Kopf und starrt dabei in die entgegengesetzte Richtung. Der zweite erwidert die Begrüßung, indem er an dem Kopf des ersten vorbeigreift. Oder sucht er ihn nur von sich fortzuweisen?

Auf der gegenüberliegenden Seite, neben der libyschen Sibylle, hat sich die Lethargie in einen akuten Kampf verwandelt: Den Sinn dieses Kampfes kann man nur verstehen, wenn man die Gruppe rechts von der Sibylle betrachtet (in der linken Gruppe ist die Funktion der Gebärden bis zur Sinnlosigkeit entstellt).[99] Der linke Putto ist der Angreifer, der rechte wehrt sich nach Kräften. Der Angreifer hat das linke Bein vorgestellt und stößt damit nach oben, sodass das linke Bein seines Gegners herauf- und herumgeschleudert wird. Der Zweck dieses Angriffs ist, ihn nach hinten herumzudrehen, wogegen sich der Angegriffene dadurch zu wehren sucht, dass er den linken Arm unter die Achsel des anderen geschoben hat und sich an dessen Körper festhält. Die Ursache seines Widerstandes wird aus der Gebärde seines rechten Armes klar: Er führt diesen Arm nach oben an die Augen als ob er geblendet wäre. Er will sich nicht umdrehen, weil das Licht zu stark aus der Richtung kommt, in die der andere ihn zu stoßen sucht. Der Vorgang ist also in kämpferischer Form der gleiche, wie der, den die beiden inspirierenden Genien hinter der Sibylle in friedlicher Form zwischen sich austragen: Der helle weist den dunklen nach hinten auf das Licht und fordert ihn auf, sich umzudrehen.[100]

Persica – Daniel. Neben der Persica, die aus Nachtgesichtern prophezeit (vaticinari videtur sub nubilo), wandeln die Karyatidenpaare wie im Traum: Es sind Schlafwandler, genau wie die Gestalten hinter der Sibylle, die frontal aus dem Bild ins Weite blicken (Abb. 7). Wie dort der eine Genius dem anderen über die Schulter sieht, so scheint auch bei den Karyatidenpaaren der eine den anderen zu führen.

[99] Da der gleiche Karton immer für je zwei Karyatidenpaare verwendet wurde, ist es wahrscheinlich, dass Michelangelo die Durchführung der „Wiederholung" einem Gehilfen überließ. In den Gruppen neben der Libyca ist der Kontrast zwischen Original und Kopie am auffallendsten. Immerhin ist es möglich, dass die sinnlosen Entstellungen auch auf das Konto eines Restaurators zu setzen sind. (Vgl. zu dieser Frage die Zusammenstellung bei Wilhelm von Bode).

[100] In seiner Beschreibung der Karyatidenpaare hat Justi die Gruppe neben der Libyca ganz in unserem Sinn gedeutet: „Da versuchen sie es gar, sich im Kreise zu bewegen, was anfangs zwar bei dem engen Raum entsetzliche Schwierigkeiten und Verrenkungen kostet" (Libyca).

Wie aber die dunkle Weissagung der Persica durch Daniel in klare Begriffe übersetzt wird, so geht auch die dunkle Erregung der Träumenden in klare und eindeutige Handlung über. Die Karyatiden neben Daniel mimen diesen Vorgang in drastischer Kindesweise. Der schlafwandlerische Gang schlägt in eine Prügelszene um, in der der Überlegende freudig seinem heulenden Gegner die heilsamen Schläge versetzt.

Jesaja – Eritrea. Die eigentümliche Frontalität, mit der die Puttenpaare neben der Persica wie im Traum aus dem Bild herausmarschieren, kehrt in den Puttenpaaren neben Jesaja wieder; nur, dass die Traumhaftigkeit des Schritts verschwunden ist und stattdessen ein fast militärischer Marsch erscheint. Es ist die Wendung von der Betrachtung zur Tat. Der eine Genius hat die Augen weit geöffnet, der andere aber folgt noch wie im Schlaf. Seine Augenlider sind gesenkt, und er hält den Arm wie schützend über das Gesicht. Es ist eine ähnliche Spannung wie zwischen den beiden Knaben, die das Medaillon befestigen, oder den beiden Genien, die den Propheten inspirieren.

Gegenüber, hinter der Eritrea, entzündet der helle Genius das Licht, um den dunklen zu wecken, der noch schläft und nichts wahrnimmt (Abb. 5); und so ist auch das tanzende Paar der Karyatiden in einem sehr ungleichen Rhythmus bewegt. Der eine hat das Tänzchen begonnen, der andere aber hat Angst und macht noch nicht mit.

Dieser schüchtern begonnene Tanz, in dem der passive Geist sich noch nicht so weit bewegen lässt, dass er dem aktiven widerstandslos folgt, ist das formale Gegenstück zur wilden Züchtigungsszene neben Daniel, in der der eine Genius den anderen zum ordentlichen Mittanzen zwingt. Beide Gruppen entsprechen einander in ähnlicher Weise, wie die frontal ausschreitenden Karyatiden neben der Persica und Jesaja. Das alternierende Gesetz der Symmetrie, das wir in der Zuordnung der Propheten und Sibyllen beobachten konnten (Jesaja: Eritrea, Persica: Daniel) greift auf die Karyatiden über.

Delphica – Joel. Neben der Delphica trägt die eine der Karyatiden die Last mit geschlossenen Augen und gesenktem Haupte. Die andere hat den Kopf umgewendet und blickt auf den Gefährten (Abb. 3). Dieses Motiv des Blickens erschien in der Sibylle selbst als schreckensvoller Ausdruck der Augen und in dem lichten Genius hinter ihr als Versenkung in das Dokument der Sünde.

Neben Joel aber wenden sich die Karyatiden nach außen. Der wache Genius blickt scharf hinaus; der andere noch träumende beginnt ihm zu folgen. Ebenso ruft auch der Genius rechts hinter Joel seinen Genossen zur Besinnung auf; „Wachet auf, ihr Trunkenen“ ist der Text des Propheten.

Hesekiel – Cumäa. In allen bisher besprochenen Fällen standen die Karyatiden im Gegensatz oder Konflikt, jedenfalls in scharfem Spannungsverhältnis zueinander (Abb. 6). Jetzt tragen sie ihre Last in einem Gleichmaß der Freundschaft.

Dass sie sich neben Hesekiel symmetrisch nach innen, neben der Cumäa symmetrisch nach außen wenden, entspricht der Haltung der Sklaven in den Gesimsen und erklärt sich aus dem gleichen Motiv. Die Tätigen (nach außen Gewandten) empfangen das Wort; die Wissenden (nach innen Gewandten) schreiten zur Tat.

Diesem höchsten Spannungsausgleich in der Mittelachse wirkt wieder der höchste Spannungskontrast in der Längsrichtung entgegen:

Zacharias – Jonas. Die völlige Versöhnung der Gegensätze in Zacharias spiegelt sich – wie im Verhalten der Genien, die ihn begleiten, so auch in dem freundschaftlichen Tanz der Karyatiden (Abb. 3). Wie aber in Jonas die Gegensätze gewaltsam auseinanderstreben und der lichte Genius nach oben weist, der dunkle sich tief nach unten senkt, so sind auch die Karyatiden hier von einem zentrifugalen Trieb beseelt, der den Tanz in einen Streit ausarten lässt (Abb. 2). Der eine Putto zerrt den anderen nach außen, der aber will nicht folgen und hält sich, um nicht umgerissen zu werden, mit der einen Hand am Pfosten fest und kneift mit der anderen seinen Feind in die Seite.

So stark ist die zentrifugale Kraft dieser Gruppe, dass der Blick unwillkürlich nach außen gelenkt wird, auf die Figuren der Bronzereliefs in den Zwickeln. Schräg unter dem Knaben, der (am linken Pfeiler) triumphierend den widerstrebenden Genossen nach außen reißt, sieht man die kauernde Gestalt eines Giganten, der wie ein Besiegter zurückgefallen ist. In seinem Sturz hat er die Girlande mit herabgerissen, die an dem Tierschädel befestigt war. Auf der gegenüberliegenden Seite, schräg unter dem rechten Pfeiler, sieht man wieder einen Überwundenen, der angstvoll herausblickt – auch hier ein dunkler Kontrast zu der sieghaft nach außen strebenden Karyatidenfigur.

33 Die Überwundenen Widersacher

(Bronzeakte)

Man hat oft gefragt, was die liegenden oder kauernden Männer bedeuten, die dunklen Relieffiguren auf Bronzeplatten, die den offenen Raum zwischen dem Gesims, den Stichkappen und den Karyatidenpfeilern füllen.

Diesen Raum bekrönt ein Tierschädel. An seinen beiden Hörnern sind Girladen befestigt, die zu den Ecken der Bronzeplatten hinüberreichen. Aber es ist auffällig, dass nicht alle Platten diesen Girlandenschmuck haben. Er fehlt an den beiden Eckfeldern an der Eingangsseite. In den Eckplatten an der Altarwand wird er durch die stürzenden Männer mit herabgerissen.

Dass diese Gestalten gerade am Altar zurückgeworfen und besiegt erscheinen, ist ein Zeichen, dass sie dem Christentum entgegenwirkende Kräfte verkörpern: „Angeli brutti", wie Michelangelo sie in dem Sonett von der Welterschütterung durch den Opfertod nennt, „gran padri al tenebroso regno". Ähnlich wie die gefesselten Sklaven des Julius-Denkmals und die Klagefiguren der Tageszeiten an den Medicigräbern, stellen sie überwundene Mächte dar, Widersacher, deren entzauberter Schmuck dem Sieger als Trophäe dient. Zu den Festons aus Eichenlaub, die die Knaben über den Gesimsen in den Medaillons befestigen, sind die Tierschädel mit dem ephemeren Schmuck der Girlanden das schattenhafte Gegenstück. Es sind die dem Gegner abgewonnenen Zeichen des Triumphs.

Die letzten Stadien des Kampfes kann man deutlich in den Gruppen verfolgen, die die Vorgänge nach dem Abschluss der Passion begleiten. Denn von der Mitte der Decke bis zum Altar hin sind diese Bronzemänner in wilder Erregung dargestellt während sie auf der östlichen Seite (d.h. zum Eingang hin) sich eher im Einklang mit den Hauptvorgängen befinden. Ob dieser Kontrast wieder auf einen Planwechsel zurückgeht – ähnlich dem, der sich bei den Schildträgern beobachten ließ –, ist schwer zu entscheiden, solange keine guten Abbildungen zugänglich sind. Es ist aber durchaus denkbar, dass es von Anfang an der Plan des Gesamtprogramms war, im Bereich der Sünde diese Höllenmächte als ruhige, zufriedene Wesen dazustellen und sie erst nach der Erfüllung des Erlösungswerkes, wenn die Heilsoffenbarung beginnt, als gewalttätige Gegner erscheinen zu lassen.

So stellt es sich wenigsten nach den Stichen und den verfügbaren Gesamtaufnahmen dar. Wo die sündige Menschheit noch im Augenblick des Untergangs sich selbst durch Mordtaten zerfleischt, dort beginnt der Scheintriumph dieser Schattenwesen. Den Schmuck der Girlanden befestigen sie zuerst an der Querseite des Sintflutbildes, dem Baum zwischen Jesaja und Delphica. Den Sündenfall begleiten sie mit einer Gebärde des Flüsterns und der Verschwörung. Wo aber mit der Erschaffung Adams die Geburt des Menschensohnes und das Geheimnis der Auferstehung verkündet wird, dort beginnen sie sich gegen die Wände zu stemmen, als fürchteten sie ihren Einsturz. Sie fahren zurück und blicken aufwärts, wo Gottvater Sonne und Mond als Zeichen setzt. Und wo Christus in die Hölle hinabfährt, um die ersten Menschen zu erlösen, dort fühlen sie sich so sehr in ihrer Höllenmacht bedroht, dass sie sich erschreckt zusammenkauern und dem Eindringenden ängstlich entgegenblicken.

Wie eine dunkle Nebenstimme begleitet dieser Erlösungskampf die Überwindung der finsteren Höllenmächte, den großen Hymnus der Erlösungsgewissheit. Der Satan aber, der über dieses Schattenreich herrscht, erscheint in der Gestalt eines irdischen Gegners in den Sinnbildern der Medaillons, der Eckfelder und Lünetten. Er heißt Holofernes, Sanherib, Goliath, Haman, die Feinde des auserwählten Volkes waren, – er heißt Joab, Joram, Absalom, die, obwohl auserwählt, an ihrem Volke Vernichtung übten, – er heißt Judas und Petrus, die als Jünger des Herrn ihn doch verleugneten und verrieten, – er heißt „Vergessen",

„Verblendung“, „Zwist“, „Vergeltung“, die dunkle Verwirrung, die den Menschen überkommt, wenn er der Finsternis anheimfällt.

Aber das Göttliche Licht zerstört das Dunkel. Die triumphale Form dieser Verheißung spricht aus der Eintracht von Prophetenzorn und Sibyllendemut, den Werkzeugen der Gesetz- und Gnadenverkündung. Der Gott der Rache ist ein Gott der Liebe, der den Menschen die Sintflut schickt, um sie von ihren Lastern zu reinigen. Wenn der Sünder fühlt, dass der Grad seiner Schmerzen auf den verstecktesten Nerv seiner Sünden trifft, dann erzittert der Berg des Purgatorio: – Die Seele löst sich und schwebt empor. Was wie ein Vergeltungsakt aussieht, ist ein Erlösungsvorgang.

Es ist das Geheimnis des „Jüngsten Gerichts“.

Anhang: Haman und Christus

(zu S. 83 f.)

Es ist nicht anzunehmen, dass Michelangelo wusste, was erst durch die vergleichende Religionsforschung der letzten Jahrzehnte erkannt worden ist: dass die Passionsgeschichte Christi die typischen Züge eines den Saturnalien ähnlichen Frühlingsritus trägt, der über ganz Vorderasien verbreitet war.[101] In Babylon war es das Sacra-Fest; seine Helden heißen Ischtar und Marduk. Bei den Juden, die es vielleicht aus dem Babylonischen Exil zurückgebracht haben, war es das Purimfest mit den Helden Esther und Mardochai. Dadurch wäre Haman ursprünglich der getötete Gott und Mardochai der auferstandene; und in den Hamanspielen des Purimsfestes, die bis ins Mittelalter und in die Neuzeit den Verdacht der Christustravestie hervorriefen, weil sie – dem Fest der Hinrichtung Hamans entsprechend – am zweiten Passahtag gefeiert wurden, hätten sie ursprünglich Züge jenes Ritus erhalten, von dem – nach Frazers wohlbegründeter Vermutung – Christis eigene Passion ein Beispiel ist.

Zur Zeit Christi war die Rolle des sich opfernden Gottes und Königs längst von einem wirklichen Herrscher auf einen Spottkönig übertragen worden, auf einen zum Tode verurteilten armen Sünder, der in parodistischer Form die Ehrung und in wirklicher Pein den Opfertod des einstigen Gottes auf sich nehmen musste. Dass man aber am Passahfeste – nach dem Wort des Pilatus – den Juden einen Gefangenen freizugeben pflegte, scheint darauf hinzuweisen, dass neben dem getöteten auch der befreite Gott, neben Haman auch Mardochai durch einen Verurteilten dargestellt wurde; zumal das Wort „barrabas" hebräisch die gleiche Gottesbezeichnung ist, die auch Christus annahm: „Sohn des Vaters". Bedenkt man ferner (um einige der Beweispunkte zu erwähnen), dass der Einzug in die Stadt, die Züchtigung der Händler, die Spottkrönung und die Inschrift über dem Kreuz alles Züge sind, die sich aus dem ursprünglichen Feste erklären lassen, so erhält die kühne Vermutung Frazers einen hohen Grad von Wahrscheinlichkeit,

101 Paul Wendland: Jesus als Saturnalien-König, in: *Hermes* XXIII, 1898, S. 175–179; Frazer: „Saturnalia in Western Asia", in: Frazer 1913.

„dass Christus in der Rolle des Haman gekreuzigt wurde" („that Christ thus perished in the character of Haman").[102]

Durch die Entdeckung solcher Zusammenhänge wird die Einzigartigkeit der Leidensgeschichte Christi nicht aufgehoben, sondern nur in helleres Licht gerückt. Was Generationen hindurch als „abgelöstes" Gottesopfer an gestraften Verbrechen vollzogen wurde, ist durch einen, der dieses Schicksal als seine Sendung erkannte, wieder zu einem wirklichen Gottesopfer geworden. Mit den unglücklichen „Vorgängern" Christi, die sein äußeres Schicksal in der Passion des Hamanfestes geteilt haben mögen, kann es sich kaum anders verhalten haben, als dass sie *notgedrungen* ihre Rolle spielten. Sie waren verurteilt, als Gott zu sterben, und sahen doch, dass man ihnen die Ehrung nur im Spott erwies. Aber die Zeugnisse Christi weisen daraufhin, dass er diese Todesart als seine Bestimmung auf sich nahm. Er ließ sich hinrichten in der Überzeugung, der Gott zu sein, der durch seinen Tod die Menschheit von ihrer Bedrängnis erlöste, und verlieh den parodistisch entleerten Formen der Marter den Gehalt des tragischen Rituals.

Diese Erweckung der Tragödie aus der Parodie, diese Erneuerung des religiösen Lebens aus einer erstarrten oder abgesunkenen Form, ist ein Vorgang, in dem sich religiöses Schöpfertum mit überkommener Tradition unlöslich verbindet. Es ist die Eigenart fast aller großen Religionsgründer, dass sie ihr eigenes Wirken nicht als Neuerung, sondern als Erfüllung dessen, was durch die Tradition gefordert wird, ansehen. Freilich ist diese äußerste Vollkommenheit der Erfüllung gerade das Mittel, die Tradition zu sprengen. Frazer hat darauf hingewiesen, dass die weite Verbreitung der saturnalienartigen Frühlingsfeste über ganz Vorderasien dazu beigetragen haben mag, dass das Christentum sich dort mit einer sonst unerklärlichen Schnelligkeit durchsetzte. Die Bekehrten erkannten in Christus die Vollendung des Gottes, den sie in der verzerrten Form ihres überkommenen Opferbrauchs vorgeahnt hatten. Aber mit der Bekehrung musste notwendig der alte Opferbrauch selbst verschwinden – oder in die unkontrollierten Regionen der Volksmagie zurückgedrängt werden.

Für die Christen hörten die Hamanspiele auf, für die Juden aber lebten sie weiter. In der „entgifteten", „harmlos" gewordenen Form des Puppenspiels wurden sie zum Anlass, die alte, schon überwunden geglaubte Gleichsetzung von Haman und Christus zu erneuern. Die Gläubigen an die Heilserfüllung, die den parodistischen Brauch gesprengt und überwunden hatten, sahen plötzlich im Nachleben des überwundenen Brauchs die bewusste Parodie ihres eigenen. Die Erlösungsgläubigen wurden zu Verfolgern und stellten auf volkstümlicher Stufe den Zusammenhang wieder her, den durch einmalige Gleichsetzung für alle Zeiten zu durchbrechen, das Ziel ihres Heilands gewesen war.

[102] Frazer: „The Crucifixion of Christ", in: Frazer 1913, S. 354 ff., S. 414.

In dieser entstellten Form der parodistischen Rückbildung kam die Hamanlegende auf Dante, der die Vision des gekreuzigten Haman als Sinnbild der Superbia, der höchsten Blasphemie, in die „Hölle“ aufnahm. Michelangelo aber erblickte in diesem Höllenbild das Gleichnis eines Erlösungsvorgangs. Die gerechte Vergeltung, die den Hochmut ans Kreuz schlägt, vollzieht, ohne es zu ahnen, das Opfer der Gnade. Aus einem parodistischen Abbild wird Haman wieder zum tragischen Vorbild Christi.

Mit Staunen mag der Religionsforscher wahrnehmen, dass hier ein Bild geschaffen ist, das den ursprünglichen Sinn des Vorgangs wiederherstellt. Eine so wunderbare und auffällige Koinzidenz dem bloßen Zufall zuzuschreiben, ist ebenso „unwissenschaftlich“, wie sie geheimnisvoll aus einer historischen Fernwirkung zu erklären, für die uns alle Erfahrungsbelege fehlen. Nun sind aber die Mittel bekannt, durch die Michelangelo aus dem überkommenen Hamansbild – der parodistischen und balsphemischen Gleichsetzung mit Christi – den urtümlichen Sinngehalt neu erstehen ließ. Es war nicht der Rekurs auf ein Ereignis der Vorzeit, das im 16. Jahrhundert unmöglich bekannt sein konnte, sondern eine komplizierte und tiefsinnige theologische Lehre, die zwischen Gesetz und Gnade eine so enge Verschwisterung schuf, dass sie in der grausamen Durchführung des Gesetzes ein Gnadengeheimnis ahnte, und daher eine Gleichsetzung, die als Parodie überliefert war, als Offenbarungsmysterium deuten konnte. Die Erhebung der Parodie zum tragischen Ritual ist ein typischer Vorgang des religiösen Lebens; und wenn dieser Vorgang sich am gleichen Gegenstand auf der Stufe des Sinnbildes wiederholt, so ist es kein Wunder, dass das Bild dem ursprünglichen Ereignis erschreckend nahe kommt.

In einem erweiterten Sinne des Wortes könnte man diese Wiederholung als „Erinnerung“ bezeichnen. Man muss sich nur darüber im Klaren sein, dass das Subjekt dieser Erinnerung nicht der einzelne Mensch ist, der sich unmöglich, und sei er das größte Genie, an etwas erinnern kann, was er nie gewusst hat, sondern die Gesamtheit einer historischen Gemeinschaft von Menschen, die sich seines Bewusstseins als eines besonders befähigten Organs bedient, um ihre Erkenntnis zu empfangen und neu aufzufinden. Was für das Kollektivsubjekt „Erinnerung“ sein mag, ist also für den einzelnen Menschen *Entdeckung*. Bei dem Beispiel „Haman und Christus“ ist ferner zu bedenken, dass diese Erinnerung oder Entdeckung nicht mit primitiver Spontanität erfolgt, sondern vermittelt ist durch das vollentwickelte Dogma der Gesetz- und Gnadenlehre.

Das historische Gedächtnis ist also in diesem Falle – und ganz gewiss auch in der Mehrzahl der Fälle, die einen ähnlich komplizierten Gegenstand haben – an die Existenz unserer äußeren Überlieferung gebunden, die als ererbtes Dogma oder Bildsymbol den Einzelnen zur Entdeckung und die Gemeinschaft zur Erinnerung aufruft.

Nachwort

Edgar Wind – verkörperte Präfiguration oder *als ob man plötzlich in einen Brunnen fällt*

Am 4. September 1935 wandte sich Edgar Wind an Getrud Bing. Er schrieb aus dem landschaftlich überaus reizvoll gelegenen Glengarriff in der Nähe von Cork in Irland, nach Lenzerheide, im Kanton Graubünden, Schweiz, wo sich seine Kollegin aufhielt:

„Liebste Gertrud,
Ich hoffe, die Sünde ist nicht ganz so schwer wie sie auf mir lastet: – Dir nicht geschrieben zu haben. Du denkst sicher, ich bin verrückt; und ich bin's. Ich habe das schreckliche Gefühl, daß der „Geist Gottes" über mich gekommen ist, denn der „Michelangelo" ist zu drei Vierteln fertig. Bitte sage Saxl nichts davon, denn vielleicht kann ich ihm bis zu seiner Rückkehr das Ganze – obwohl es Wahnsinn scheint – als Überraschung vorlegen. Es wird Dir gefallen und – (ich fürchte) – Dich sehr aufregen. Denn ich habe jetzt die Wurzeln des ganzen gefunden: – eine religiöse Gnadenlehre, die sich auf das Gespräch Christi mit Nikodemus im Johannesevangelium gründet und deren zeitgenössisch literarischen Beleg in Michelangelos eigenen Gedichten vorliegt. Aus ihnen erklärt sich jede Gebärde, jeder Zug – und es treten unglaubliche Züge zutage. Das Schlimmste ist: Nicht nur die Sixtinische Decke und das „Jüngste Gericht" werden plötzlich einfach und durchsichtig – wirklich: einfach und durchsichtig, – sondern auch die Capella Paolina, die letzte Fassung des Juliusgrabes, die Medicigräber, das Programm der Lorenzofassade, – alles! Ich habe auf jeder Stufe dieser Arbeit gedacht, daß sie eine Offenbarung war, aber diese letzte war wirklich die erschreckendste, weil sie in ihrer Einfachheit wie ein Abgrund wirkte. Es ist, als ob man plötzlich in einen Brunnen fällt.

Hieraus erklärt sich mein eigentümliches Verhalten: jedesmal wenn ich die Feder in die Hand nahm, um Dir zu schreiben, – und ich versichere Dir, es geschah oft, – schrieb ich stattdessen an diesem Buch weiter. An den schönen Tagen (die, gottlob, nicht zu häufig waren) zwang ich mich mit aller Macht auf die Berge

zu klettern oder aufs Wasser zu gehen, und hab' mich dabei, glaub' ich, sehr gut erholt. Der Ort ist von einer unerwarteten Schönheit. Stell Dir eine Seebucht vor von absolut südlichem Charakter: – mit entzückenden Inseln darin und einer fast tropischen Vegetation: Mimosen, Myrthen, Palmen, Bambus! Aber das ist nur der Saum am Ufer; denn dahinter ragt, völlig unvermittelt, ein düsteres, gänzlich kahles Felsgebirge auf, in dem man sich ins Hochgebirge versetzt glaubt. […]
Alles Gute von
Deinem
Edgar"[1]

Wind hatte für diesen Brief, welcher auch ausführliche Beschreibungen von Landschaft und Personen enthielt, noch das Papier des eleganten *Roche's Royal Hotel* zur Hand. Von diesem, auf einer Anhöhe gelegen, konnte der malerische Blick über die Bucht und die sie umgebende Vegetation genossen werden. Diese Atmosphäre beförderte Winds Hochstimmung und doch war diese keineswegs übertrieben. Denn was hatte er vom *Geist Gottes* aus Irland im Spätsommer 1935 zu berichten?

Der „Michelangelo" von dem er Gertrud Bing berichtet ist das Manuskript *Die Bildsprache Michelangelos* mit dem Wind seine Deutung der Deckengemälde der Sixtinische Kapelle vorzustellen gedachte.[2] Ihn ergriff hierbei eine nahezu *Heilige Furcht*.[3] Nicht das er befürchtete, das Programm der Sixtina aufgeschlüsselt zu haben, sondern vielmehr, dass er den tieferen Sinnzusammenhang der Bilder erkannte. Nicht eine Dechiffrierung lief ab, welcher er auch nicht im innersten als Ziel bestimmt hatte, sondern der überzeitliche Grundgedanke der Erlösung durch Christus wurde für Winds Augen und Verstand begreifbar. Aus der Bildbetrachtung konnte so der Heilsplan ersichtlich werden, welcher insbesondere durch eine sich nur in der Ikonografie verfangender Herangehensweise gar nicht erst in den Bereich der Erkenntnis gelangt wäre. So ist auch der Hinweis im Brief an die Kollegin zu verstehen, wenn er auf das Gespräch zwischen Nikodemus und Jesus im Johannesevangelium verweist.[4] Den Antriebspunkt der Analyse bildete somit keine verdichtete Darstellung eines bestimmten und ikonografisch nachzuzeichnenden Momentes, sondern eine längere Abfolge von Fragen und Antwor-

1 Wind papers Bodleian Library, Oxford, Box 12.

2 Aus der unüberschaubaren neueren Forschungsliteratur zur Sixtina und Michelangelo sei nur auf Pfisterer, Ulrich: *Die Sixtinische Kapelle*. München 2013 sowie Zöllner, Frank/Thoenes, Christof/Pöpper, Thomas: *Michelangelo. Das vollständige Werk*. Köln 2014 verwiesen.

3 Wind, Edgar: Untersuchungen über die Platonische Kunstphilosophie. In: Zeitschrift für Ästhetik und allgemeine Kunstwissenschaften 26, 1932, S. 349–373; wieder abgedruckt in Krois, John Michael/Ohrt, Roberto (Hrsg.): *Edgar Wind – Heilige Furcht und andere Schriften zum Verhältnis von Kunst und Philosophie*. Hamburg 2009, S. 41–82, hier S. 50.

4 Johannes 3, 1–21.

ten, mithin eine sehr dynamische Situation, welche in nächtlicher Atmosphäre am Ende der Unterhaltung zum Licht der Wahrheit gelangt. Hiervor kreisen die Überlegungen der beiden um die Erlösung, welche durch die Wiedergeburt im Geist und nicht im Fleisch erlangt werden kann. Als zentral stellt sich der Aspekt des Erkennens von Zeichen, ihren ambivalenten Eigenschafften sowie absolut überzeitlichen Qualitäten heraus: „Und wie Moses in der Wüste die Schlange erhöht hat, so muss der Menschensohn erhöht werden, damit alle, die an ihn glauben, das ewige Leben haben.“[5] Auf diese Form der Entsprechung orientierte Wind seine Analyse der Sixtina, doch nicht, um es deutlich zu benennen, eine abschließende Deutung vorzulegen, sondern den immerwährenden Prozess der Teilhaftigkeit in der Betrachtung zu beschreiben. Dieses wäre einem größten Teil seiner Fachgenossen womöglich als Spökenkiekerei erschienen – Aby Warburg sicherlich nicht.

Wie im Brief an Bing angesprochen, belässt es Wind keineswegs bei dem Bezug zum Johannesevangelium. Denn dann wäre seine kunsthistorische Untersuchung zu einer theologischen Meditation geworden. Deutlich führt er den Bezug zu Michelangelo an, wenn er als eine weitere schriftliche Quelle dessen Gedichte anführt. In diesen finden sich sowohl Bezüge zum Evangelium als auch typologische Denkweisen aufscheinen.[6] Ein derartiges Verständnis nahm seinen Anfang etwa bei Augustinus, der eine für Wind wichtige Beobachtung vorstellte. So war für den spätantiken Kirchenlehrer das Alte Testament eine Verhüllung des Neuen Testamentes und selbiges eine Enthüllung des Vorherigen.[7] In diesem Sinne waren beide ineinander verwoben, um die allumfassende Ausrichtung des Heilsplans zu verkörpern. Nicht das eine erklärte das andere und vice versa, sondern über zeitliche, menschliche Verständnisgrenzen hinwegreichend offenbarte sich die Option der Erlösung.[8] Diesen Vorgang sah der Kunsthistoriker und Philosoph Wind als erster in Michelangelos Deckenprogramm ablaufen und eröffnete die Untersuchung mit dem programmatisch zu verstehenden Satz: „Der Bilderzyklus der Sixtinischen Decke ist ein Sinnbild des Harrens auf Erlösung.“

Im Jahre 1958 erschien neben dem später publizierten umfangreichen Essay *Art and Anarchy* das bekannteste Buch Edgar Winds: die *Pagan Mysteries in the*

[5] Johannes 3, 14–15

[6] Siehe Schurr, Claudia-Elisabetta: *Vittoria Colonna und Michelangelo Buonarroti. Künstler- und Liebespaar der Renaissance.* Tübingen 2011, S. 131 sowie Rohls, Jan: *Offenbarung, Vernunft und Religion.* Tübingen 2012, S. 269.

[7] Augustinus: *De civitate Dei* XVI, 26.

[8] Zum typologischen Aspekt siehe Herzner, Volker: *Die Sixtinische Decke. Warum Michelangelo malen durfte, was er wollte.* Hildesheim u.a. 2015, S. 134 sowie Linke, Alexander: *Typologie in der Frühen Neuzeit. Genese und Semantik heilsgeschichtlicher Bildprogramme von der Cappella Sistina (1480) bis San Giovanni in Laterano (1650).* Berlin 2014 sowie die Kritik von Rohlmann, Michael: Vertiefungsfähig: Typologische Bildstrategien. In: *Kunstchronik* 6, 2016, S. 300–305.

Renaissance.[9] In dieser Untersuchung beschreibt Wind jene historische Konstellation aus Erzählung, Bildwerk und religiöser Meditation, welche die Kultur- und Sozialgeschichte der italienischen Renaissance grundlegend bestimmte. Mit dem Blick auf Florenz tritt das Bilddenken des 15. und 16. Jahrhunderts ins Zentrum der Betrachtung, um „zu zeigen wie Mythos und Sinnbild jedes Mal dort einsetzen, wo die demonstrative Logik ihr Recht verliert."[10] Der Kunsthistoriker und Philosoph Robert Klein hatte in seiner Rezension den zentralen Gedanken der *Pagan Mysteries* herausgestellt. Kleins eigene Forschungen zur Ideengeschichte der Renaissance waren von einer methodischen Herangehensweise inspiriert, wie sie bis 1933 nur an der *Kulturwissenschaftlichen Bibliothek Warburg* (KBW) in Hamburg und nach der erzwungenen Immigration am *Warburg Institute* in London zu finden war.[11] So wusste Klein um die geistesgeschichtlichen Wurzeln der *Pagan Mysteries* und konnte ihren wissenschaftlichen Wert erkennen. Das Gedankengebäude entwickelte Wind nicht erst für diese Betrachtung, sondern bereits mehr als zwanzig Jahre zuvor, als er sich mit den Deckengemälden der Sixtinischen Kapelle befasste – doch hatte er diese Betrachtungen zu keiner Zeit zusammenhängen publiziert.

Edgar Wind (1900–1971) wurde im Fach Kunstgeschichte 1922 promoviert. Er konnte seinen Doktorbrief aufgrund der schwierigen Zeitumstände allerdings erst 1924 erhalten. Die Untersuchung *Ästhetischer und kunstwissenschaftlicher Gegenstand. Ein Beitrag zur Methodologie der Kunstgeschichte* veröffentlichte Wind selbst nicht als Monographie. Doch konnte er seine Position in der *Zeitschrift für Ästhetik und allgemeine Kunstwissenschaft* vorstellen.[12] Mit der Schrift *Das Experiment und die Metaphysik. Zur Auflösung der kosmologischen Antinomie*, habilitierte er sich an der Universität Hamburg.[13] Der Dekan der Philosophischen Fakultät Erwin Panofsky konnte so zur Antrittsvorlesung Winds am 28. Januar 1931 in das Hauptgebäude der Universität einladen. Das Thema war „Das Historische und das Überhistorische

9 Wind, Edgar: *Pagan Mysteries in the Renaissance.* New Haven 1958 (dt. *Heidnische Mysterien in der Renaissance.* Frankfurt a.M. 1981); *Art and Anarchy. The Reith lectures 1960.* London 1963 (dt. *Kunst und Anarchie. Die Reith lectures.* Frankfurt a.M. 1979).

10 „Es geht also im Grunde, wenn wir die letzte Absicht Winds recht verstehen, um einen Beitrag der Kunst- und Ideengeschichte zur Erforschung dessen, was die Soziologen eine „Mentalität" nennen." Klein, Robert: Rezension von *Pagan Mysteries in the Renaissance*, in: *Zeitschrift für Kunstgeschichte* 3/4, 1960, S. 284–286, hier S. 284.

11 Zur Renaissanceforschung siehe die Aufsatzsammlung von Klein, Robert: *Gestalt und Gedanken. Zur Kunst und Theorie der Renaissance.* Berlin 1996.

12 Schneider, Pablo (Hrsg.): *Edgar Wind: Ästhetischer und kunstwissenschaftlicher Gegenstand. Ein Beitrag zur Methodologie der Kunstgeschichte.* Hamburg 2011 und zur Genese der Dissertation ebd. „Die Aufgabe ist gestellt – Nachwort", S. 357–378 sowie Wind, Edgar: Zur Systematik der künstlerischen Probleme. In *Zeitschrift für Ästhetik und allgemeine Kunstwissenschaft* 18, 1924, S. 438–486.

13 Die Abhandlung erschien unter dem gleichnamigen Titel 1934 zu einem denkbar ungeeigneten Zeitpunkt.

in Platons Kunstphilosophie“.[14] Mit diesen beiden Untersuchungen stellte Wind eindrücklich dar, dass ihn disziplinäre Grenzen keineswegs beschäftigen und er Philosophie und Kunstgeschichte als fest miteinander verbundene Forschungsfelder betrachtete. Bereiche, welche Fragen sowie Probleme aufwarfen und diese keineswegs beantworteten. Auch wurde ihm ebenso deutlich, dass eine rein positivistische Materialsammlung zu keinen weiterführenden Erkenntnissen zu führen vermochte. Diese Ausrichtung seiner wissenschaftlichen Überlegungen hatten Wind nicht nur mit Erwin Panofsky verbunden, sondern ebenso mit Aby Warburg. So vermerkte dieser im Tagebuch der KBW: „Herr Wind ist ein Denktyp bester Sorte.“[15] In dieser Zeit sprachen beide besonders über die Bildfunktion von Gestik beziehungsweise körperlichen Ausdrucksformen und Warburg überließ ihm hierzu seine *Fragmente zur Ausdruckskunde.* Diesen legte er eine Karte der KBW bei und notierte für Wind: „Denkraumschöpfung als Kulturfunktion. Versuch einer Psychologie der menschlichen Orientierung auf universell bildgeschichtlicher Grundlage.“[16] Am Nachmittag jenes Tages erläuterte Warburg dem jüngeren Kollegen seine Polaritätsvorstellungen. Er beschrieb deren Genese aus der Spannung zwischen nordischen Trachtenrealismus und antik-renaissancehafter Bewegtheit: „Botticelli im Wunschraum zwischen burgundischer trachtenrealistischer Gegenwart und ovidianischer pantheistischer Toteland-Romantik gezeigt. Pollajuolo placiert und die Arazzi.“ Und Warburg schloss diesen Eintrag vom 9. November 1929 zur Vorführung im elliptischen Lesesaal der KBW mit einem sehr persönlichen Fazit ab: „War ein sehr tüchtiges gegenseitiges Fördern.“[17]

Die Diskussion wird aller Wahrscheinlichkeit nach von den Tafeln 39, sowie 34 und 37 des *Mnemosyne*-Atlas ausgegangen sein. Auch wenn sich deren exaktes Erscheinungsbild nur in Anlehnung an die erhaltene fotografische Dokumentation vermuten lässt. Von Bedeutung war aber, das Warburg Wind seine Überlegungen zum Symbol als eines kulturgeschichtlichen Faktums vorstellte, welches seine Bedeutungen aus dessen Polaritätsfunktion generierte. Dieses Potential konnte sich ausgleichend sowie antreibend auswirken und zeigt beziehungsweise verkörperte sich immer, so denkt dies Wind später weiter, in einer visuellen Umsetzung.[18] In *Die Bildsprache Michelangelos* wird die Unmittelbarkeit dieser

[14] Staatsarchiv Hamburg, Hochschulwesen Dozenten- und Personalakten IV, Wind, Edgar, 361-6 IV 1191, Personalakte der Universität Hamburg / P.W. 19.4.

[15] Eintrag zum 25. Juni 1927, in: Michels, Karen / Schoell-Glass, Charlotte (Hrsg.): *Aby Warburg. Tagebuch der Kulturwissenschaftlichen Bibliothek Warburg*. Berlin 2001, S. 104.

[16] 11. November 1929 Ebd., S. 547; sowie Pfisterer, Ulrich / Hönes, Hans Christian: *Aby Warburg. Fragmente zur Ausdruckskunde*. Berlin 2015.

[17] Michels / Schoell-Glass 2001, S. 551.

[18] Siehe Buschendorf, Bernhard: „War ein tüchtiges gegenseitiges Fördern“. Edgar Wind und Aby Warburg. In: *Idea* 4, 1985, S. 165–209, hier S. 179–180.

bild- und zivilisationsgeschichtliche Konzeption zum zentralen Antriebsmoment der Betrachtung. Doch bereits einige Jahre vorher setzte er sich tiefergehend mit Warburgs diesbezüglichen Überlegungen auseinander. Den Briefwechsel der beiden kennzeichnet ein hohes Maß an gegenseitiger Wertschätzung. Warburg sah Wind als ein überaus wertvolles Mitglied der Bibliothek an, wie er es zum Ende des Jahres 1928 formulierte: „Ich will das Jahr 1928 nicht in den Aktenschrank der Ewigkeit gelegt wissen, ohne Ihnen und ihrer lieben Frau zu sagen, dass ich Ihren Eintritt in den engeren Kreis derer, für die die K.B.W. ein wirkliches Lebenselement bedeutet, zu den wirklich guten Gaben eines Schicksals rechne, das es mit mir ernst meint."[19] Als Warburg im Spätsommer 1929 intensiv am *Mnemosyne*-Atlas arbeitete, scheint er auch mit Wind hierzu im Gespräch gewesen zu sein. So notierte er im Tagebuch der KBW am 27. August: „Die Tafeln erweitert und completiert. Wind Michelangelo-Tafel gezeigt, die ihn packt."[20] Bei der erwähnten Tafel handelte es sich um Nummer 53, auf der Warburg sich unter anderem mit der Thematik von Auffahrt und Sturz befasste.[21] Bereits von Februar bis April hatte sich Warburg mit Bildwerken Michelangelos beschäftigt und diese in seine Präsentation *Manet und die italienische Antike* integriert.[22]

Nach Warburgs Tod im Oktober 1929 begann durch seine engsten Mitarbeiter Fritz Saxl, Getrud Bing sowie Wind eine intensive Auseinandersetzung mit dem Werk und dem Gedankenkreis des Begründers der KBW. In der *Zeitschrift für Ästhetik und allgemeine Kunstwissenschaft* veröffentlichte Wind eine Abhandlung mit dem Titel „Warburgs Begriff der Kulturwissenschaften und seine Bedeutung für die Ästhetik".[23] Wind argumentiert hier – in der Beschreibung der Warburgschen Überlegungen, aber auch in deren Weiterentwicklung – gegen eine Kunstauffassung, welche ein ahistorisches und letztendlich abstraktes Seherlebnis gegenüber den Werken propagiert: „Wer aber die Funktionen des Sehens verstehen will [...], der darf es nicht aus seinem Zusammenhang mit den übrigen Kulturfunktionen völlig herauslösen. Er muß vielmehr die doppelte Frage stellen: Was bedeuten diese übrigen Funktionen – Religion und Dichtung, Mythos und Wissenschaft, Gesellschaft und Staat – für die bildhafte Phantasie?

19 Warburg an Wind, Rom Palace Hotel, 28. Dezember 1928, Wind papers Bodleian Library, Oxford, Box I, 3, Kopie des Originals Warburg Institute Archive, London.

20 Michels/Schoell-Glass 2001, S. 510.

21 Ebd.; Warnke, Martin (Hrsg.): *Aby Warburg. Der Bilderatlas MNEMOSYNE.* Berlin 2008, Tafel 56, S. 102–103 sowie Tafel 53, S. 96–97

22 Rom, Palace Hotel, Februar bis April 1929. Siehe Fleckner, Uwe/Woldt, Isabella (Hrsg.): *Aby Warburg. Bilderreihen und Ausstellungen.* Berlin 2012, S. 367–386.

23 Wind, Edgar: Warburgs Begriff der Kulturwissenschaften und seine Bedeutung für die Ästhetik. In: *Zeitschrift für Ästhetik und allgemeine Kunstwissenschaft* 25, 1931, S. 163–179; wieder abgedruckt in: Kaemmerling, Ekkehard (Hrsg.): *Ikonographie und Ikonologie. Bildende Kunst als Zeichensystem.* Köln 1979, S. 165–184.

Was bedeutet das Bild für die Funktionen.“[24] Die Kunst Michelangelos schien Wind in diesen Jahren noch nicht intensiv beschäftigt zu haben. Dies war bei seinem Doktorvater Erwin Panofsky, der ebenfalls zum Kreis der KBW gehörte, gänzlich anders.

Erwin Panofsky hatte sich bereits seit 1919 überlegt eine Untersuchung über den Stil Michelangelos zu verfassen, welche er zur Habilitation einreichen wollte. Im Frühjahr schienen seine Arbeiten weiter vorangeschritten zu sein, als er einen ersten Teil nun an der Universität Hamburg einreichte, verbunden mit der Ankündigung das Werk im Laufe des Jahres vollständig abschließen zu können.[25] Nachdem Panofsky mit dem Wintersemester 1920/1921 seine Lehrtätigkeit in der Hansestadt begonnen hatte, interessierte ihn der Themenkreis der Kunst Michelangelos und die Ausstattung der Sixtina weiterhin. So veröffentlichte er 1921 einen kleinen Band in der von Hans Tietze herausgegebenen *Bibliothek der Kunstgeschichte*, welche sich an ein breiteres Publikum richtete.[26] Im Jahre 1923 legte er seine umfangreiche Besprechung der neueren Literatur zu Michelangelo vor, der noch eine Rezension 1932 folgte.[27] Seine wissenschaftliche Einstellung zur Michelangelothematik hatte er später, 1948, in einem Brief an Ludwig H. Heydenreich unmissverständlich dargelegt:

„Ich habe seit 1938, d.h. seit dem Erscheinen von Tolnay und Wind in den Vereinigten Staaten, diesen den ganzen Michelangelobereich gern und vollständig abgetreten und nicht einmal mehr die Literatur verfolgt.“[28]

Auch Karl von Tolnai, hatte sich 1929 in Hamburg mit einer Untersuchung zur Michelangelos später Architektur habilitiert und lehrte hierzu im Sommersemester 1930 sowie Wintersemester 1930/1931.[29] So war die Kunst des Renaissancemalers und Architekten in Winds Hamburger Jahren durchaus präsent und wurde an der KBW sowie dem Kunstgeschichtlichen Seminar der Universität gelehrt und diskutiert. Doch setzte die politische Machtverschiebung in Deutschland der fruchtbaren Arbeit der KBW ein gewaltsames Ende und zwang zur Emigration. Während bereits vor 1933 verschiedene geographische Optionen diskutiert wurden ist es nicht zuletzt Wind zu verdanken, dass die Arbeitsmittel

[24] Nach Wind 1979, S. 170.

[25] Siehe Panofsky, Gerda: Einführung. In: dies. (Hrsg.): *Erwin Panofsky. Die Gestaltungsprincipien Michelangelos, besonders in ihrem Verhältnis zu denen Raffaels*. Berlin 2014, S. 1–41, hier S. 2.

[26] Panofsky, Erwin: *Die Sixtinische Decke*. Leipzig 1921.

[27] Panofsky, Erwin: Die Michelangelo-Literatur seit 1914. In: *Jahrbuch für Kunstgeschichte* 1, 1923, Sp. 1–64; Panofsky, Erwin: Rezension von „Ernst Steinmann und Rudolf Wittkower Michelangelobibliographie 1510–1926. In: *Zeitschrift für Kunstgeschichte* 1, 1932, S. 160–161.

[28] Panofsky (Princeton) an Heydenreich (Washington), 6. Dezember 1948. Zitiert nach Wuttke, Dieter (Hrsg.): *Erwin Panofsky Korrespondenz. 1937 bis 1949*. Wiesbaden 2003, S. 1000.

[29] Tolnai publizierte bereits in diesen Jahren und besonders in den folgenden umfangreiche Untersuchungen zu Michelangelo.

der KBW – Bücher, Fotos, Dias und Geräte – sowie die engsten Mitarbeiter im Dezember 1933 nach London emigrieren konnten.[30]

Am neuen Standort versuchten die Mitarbeiter der KBW ihre Institution umgehend in den englischen Geisteswissenschaften zu etablieren. So war, trotz aller kriegsbedingten anderweitigen Anforderungen, die wissenschaftliche Arbeit von vornherein eine unabdingbare Aufgabe. Die Forschung zu Michelangelo wurde für Wind das erste größere Unternehmung. Über die Zeit bis 1939 berichtet Margaret Wind von den Erinnerungen ihres späteren Mannes:

„More important for the development of his scholarship than the further work in English art he undertook at this time (on Shaftesbury, for example) was the interest in Renaissance imagery that had been kindled by Warburg and now flourished in a remarkable way in the Reading Room of the British Museum."[31]

So ist das Manuskript zu *Die Bildsprache Michelangelos* sein erstes größeres Werk im Londoner Exil.

Um die öffentlichkeitswirksame Arbeit des nun *Warburg Institute* genannten Orts der Forschung unverzüglich zu beginnen, wurde nicht nur die Bibliothek zugänglich gemacht, sondern auch Vorträge und Seminare angeboten. Wie der Jahresbericht für 1934–1935 anmerkt, waren von den 2.700 Besuchern 60 % Engländer, 30 % Deutsche und 10 % mit anderer Nationalität. Der britische Kunst- und Architekturhistoriker Sir John Summers berichtet später über diese Aktivitäten der Mitarbeiter: „We found ourselves faced with a range and quality of scholarship we had never met before."[32] Wind nutzte in diesen ersten Jahren noch seine Untersuchungen zur Englischen Kunst des 18. Jahrhunderts und gab ein Seminar mit vier Vorträgen zum Thema *Doctrines of Wit and Enthusiasm in Eighteenth Century English Art and Philosophy*. Der Jahresbericht verzeichnete unter den laufenden, noch nicht abgeschlossenen Arbeiten auch, dass Wind dabei war Warburgs Studie *Snake Dance and Ritual* für die Veröffentlichung vorzu-

[30] Siehe Buschendorf, Bernhard: Auf dem Weg nach England. Edgar Wind und die Emigration der Bibliothek Warburg. In: Diers, Michael (Hrsg.): *Porträt aus Büchern. Bibliothek Warburg und Warburg Institute*. Hamburg 1993, S. 85–128; Wuttke, Dieter: Die Emigration der Kulturwissenschaftlichen Bibliothek Warburg und die Anfänge des Universitätsfachs Kunstgeschichte in Großbritannien. In: Bredekamp, Horst / Diers, Michael / Schoell-Glass, Charlotte (Hrsg.): *Aby Warburg. Akten des internationalen Symposions Hamburg 1990*. Weinheim 1991, S. 141–163. Mit der Perspektive auf Winds Hamburger Zeit sowie den ersten Jahren in London nach der Emigration 1933: Schneider, Pablo: From Hamburg to London. Edgar Wind: Images and Ideas. In: Fleckner, Uwe / Mack, Peter (Hrsg.): *The Afterlife of the Kulturwissenschaftliche Bibliothek Warburg. The Emigration and the Early Years of the Warburg Institute in London*. Berlin 2015, S. 117–130, 228–232.

[31] Wind papers, Bodleian Library, Oxford, Box I,4 sowie Lloyd-Jones, Hugh: A Biographical Memoir. In: Anderson, Jaynie (Hrsg.): *Edgar Wind – The eloquence of symbols. Studies in humanist art*. Oxford 1993, S. xiii-xxxvi, hier S. xx-xxi.

[32] Summers an das *Royal Institute of British Architects*, 19. Oktober 1976. Wind papers, Bodleian Library, Oxford, Box I,4.

bereiten.[33] In der Rubrik der kommenden Vorträge wurde bereits auf Winds *Religious Symbolism of Michelangelo* hingewiesen sowie eine hiermit einhergehende Publikation.[34] Im März hatte Wind seine Forschungen zu Raffaels Fresken im Vatikan vorgestellt. Unter dem Titel *The Renaissance Encyclopaedia in Raphael's Frescoes*, wobei der enzyklopädische Ansatz sicherlich Fritz Saxls Betonung dieser Thematik geschuldet war, sprach Wind über die *Schule von Athen*, den *Parnass* und der *Disputa* sowie die Übereinstimmung zwischen *Gerechtigkeit* und *Friede*.[35]

Am 13., 20. und 27. Mai 1936 stellte er nunmehr in Vorträgen am *Warburg Institute*, seine aktuellen Forschungen unter dem Titel *The Religious Symbolism of Michelangelo* zur Diskussion.[36] Die katholische Wochenzeitung *The Tablet* veröffentlichte einen ausführlichen Bericht über die erste Sitzung am 16. Mai. Wind hatte Michelangelo als einen Künstler vorgestellt, welcher „painted with his head, not with his hands." Von dieser Beobachtung ausgehend, wurde die grundlegende Theorie der Vorlesung vorgestellt: die Präfiguration des Alten Testaments im Neuen Testament.

„To state Dr. Wind's theory briefly, the cycle expressed in this arrangment is the cycle of prophecy. The prophets represent the "prophecy" of the Old Testament, the sibyls the "grace" of the New. […] Dr. Wind's method has been to use the mediæval books of scriptural collection and criticism, which would have been available to Michel Angelo, and to see what scenes of the Old Testament were thought to pre-figure in the New. To give a concrete example from his lecture: the scene of the Derision of Noah, in which the drunken Noah is mocked and put to shame by his sons, appears in the scenes of the Creation. The prophet corresponding to this central picture is the prophet Joel, he who writes: "Awake, you drunkards, and weep!" Two cherubim stand behind Joel, one pointing to the other, who turns away. The corresponding sibyl is the Delphic sibyl. All the sibyls were thought to prophesy in some manner the Passion of Christ and the Delphic sibyl particularly His crowning with thorns. Thus the motif of "derision" is carried all through this group of pictures. The centerpiece of the whole chapel, the creation of Eve, is related to

33 Warburg, Aby: A Lecture on Serpent Ritual. In: *Journal of the Warburg Institute* 4, 1939, S. 277–292. Wind war zu diesem Zeitpunkt zusammen mit Rudolf Wittkower und Anthony Blunt Herausgeber der Zeitschrift.

34 Wind papers, Bodleian Library, Oxford, Box I,4.

35 Griener, Pascal: Edgar Wind und das Problem der Schule von Athen. In: Bredekamp, Horst / Buschendorf, Bernhard (Hrsg.): *Edgar Wind. Kunsthistoriker und Philosoph.* Berlin 1998, S. 77–103. Zu Saxl siehe McEwan, Dorothea: *Fritz Saxl – Eine Biografie. Aby Warburgs Bibliothekar und Erster Direktor des Londoner Warburg Institutes.* Wien 2012, bes. 166–173.

36 Siehe die Aufstellung bei Wuttke, Dieter (Hrsg.): *Kosmopolis der Wissenschaft. E.R. Curtius und das Warburg Institute. Briefe 1928 bis 1953 und andere Dokumente.* Baden-Banden 1989, S. 328. Zur wissenschaftlichen Vorgeschichte siehe die Untersuchung von Kany, Roland: *Die religionsgeschichtliche Forschung an der Kulturwissenschaftlichen Bibliothek Warburg.* Bamberg 1989.

the birth of the Church, the wound in Adam's side corresponds with the wound in Our Lord's side, and the bare wilderness in which Adam is lying (so strange a representation of Paradise before the Fall) foreshadows Golgotha. The creation of Adam, by a really remarkable parallel with a Giotto painting, is shown to have an affinity with the Resurrection. [...]"[37]

Wind scheint das thematische Zentrum der Argumentation, ausgestaltet durch die Überlegungen zu Präfiguration und Vorahnung, deutlich vorgestellt zu haben.[38] Auch wird er für die drei Vorträge genug Material zusammengetragen gehabt haben. Doch war das Manuskript mit dem Titel *Die Bildsprache Michelangelos* im Mai noch nicht fertig. Denn im Juli 1936 hielt Wind sich in Rom auf, um seine Forschungen weiter voranzutreiben. Er berichtete an Saxl:

„von hier könnte ich nur Bände erzählen. Also schweige ich lieber. Die Pole meiner Existenz sind das Gerüst der Sixtina und das „Instituto Biblico" der Jesuiten, wo ich die zeitgenössischen Bibelkommentare lese. Dazwischen liegt (auch rein räumlich verstanden) ganz Rom. Daß ich bei dieser Lage der Dinge von einem leichten Wahnsinn befallen bin, wirst Du verstehen."[39]

Abermals scheint Wind ein leichter Schauder gegenüber seinen Erkenntnissen befallen zu haben. Dies ist bei seiner Herangehensweise nachvollziehbar. Versuchte er doch nicht etwa ikonographische Aspekte des Deckenprogramms zu entschlüsseln, sondern er nährte sich dem *weiterhin* wirksamen, bildaktiven, Gehalt der Motive, welche das Harren auf Erlösung, so die Eröffnung des Buches, weiterhin vollzogen.[40] So fand sich Wind mit dem Warburgschen Ausspruchs „Du lebst und thuts mir nichts" konfrontiert, die jener am Rosenmontag 1888 notierte und durch die Formulierung „Darin liegt bereits eine Ahnung von der Entfernung als Grundprincip." ergänzte.[41]

Nach der Italienreise begab sich Wind nach Irland, um 1936 die Arbeiten am Manuskript *Die Bildsprache Michelangelos* abzuschließen. Seine Analyse der Deckengemälde richtete er, in Distanz zur gängigen Forschung, darauf aus, dass den Fresken ein einheitliches Programm beziehungsweise die Konzeption der Typologie zugrunde liege. So erkennt er beispielsweise, dass das Eckbild mit der Bestrafung des Haman sich auf Dantes Purgatorio bezieht, wo dieser gekreuzigt wird und nicht erhängt, wie es das Buch Esther berichtet. Durch diese Wendung wurde

37 *The Tablet* 167, 16. Mai 1936, S. 619.

38 Zur Literatur im zeitlichen Kontext der Überlegungen Winds siehe: Engelhardt, Hans: *Der theologische Gehalt der Biblia pauperum*. Straßburg 1927 und Goppelt, Leonhard: *Typos. Die typologische Deutung des AT im NT*. Gütersloh 1939.

39 Wind papers, Bodleian Library, Oxford, Box 12, Kopie aus dem Warburg Insitute Archive, London.

40 Zum Aspekt des Bildakts siehe Bredekamp, Horst: *Theorie des Bildakts*. Frankfurt a.M. 2010.

41 Warburg Institute Archive III.43.3. Nunmehr publiziert durch Pfisterer/Hönes 2015, S. 5.

es Michelangelo möglich, hierin die Präfiguration des Opfertodes Christi zu verkörpern: „gibt dieser Bildersprache die Form einer geheimen Prophetie. Wer die gleichnishafte Absicht erkennt, wird die Transparenz des christlichen Sinngehalts bemerken. Wer nur den wörtlichen Sinn versteht, bleibt gleichsam eingefangen in einen strengen alttestamentarischen Zyklus.“[42]

Die Parallelen zu Textquellen verstand Wind hierbei nicht als die Suche und Ansammlung von schriftlichen Belegstellen, welche nur der Identifikation von Motiven und Personen gedient hätten. Ihm war vielmehr daran gelegen, die möglichen Gedankenwege aufzuzeigen, die sich in Bildern verkörperten und so neben einem historischen Wert auch einen Ansatz der humanistisch ausgerichteten Analyse in sich bargen.[43] So entwickelt er seine für die Entstehungszeit der Untersuchung überaus innovative Analyse. In dieser werden die einzelnen Motive und Themen zusammen gedacht, ferner über den Verlauf der Decke miteinander in Beziehung gesetzt und verknüpft. In Winds typologischer Herangehensweise scheint Warburgs Denken in Polaritäten auf, welches nicht nur die Bildinhalte der Sixtina aufeinander bezieht, sondern auch die Vitalität des Erlösungsgedankens in die Betrachtung integriert. An diesem Punkt wird Winds Analyse auch methodisch und über das Beispiel der Malerei Michelangelos überaus wertvoll. Denn seine Analyse der Deckengemälde verbleibt nicht im Stadium der Identifikation. Oder, die Typologie wird nicht als ein Werkzeug genutzt, welches in letzter Konsequenz ikonografische und ikonologische Fragen nur bestätigen würde. Es ist vielmehr der Gedanke einer verkörperten Präfiguration, den Wind in der Sixtina Michelangelos als ein visuelles und intellektuelles Werk bestimmt. So beispielsweise im kleinen Motiv einer Männergruppe im Bildfeld der Sintflut. Hier blickt einer aufwärts, während andere mit einer Leiter hantieren. Blick, Gruppe und Leiter verdichten sich zu einem nicht sichtbaren Bild „als wären sie die Schergen, die Christus ans Kreuz geheftet haben“.[44] Deutlich wird bereits an dieser Stelle, dass die Identifikation der Einzelszenen eher als ein erster, nötiger Schritt zu betrachten ist. Als weitaus gehaltvoller zeichnet sich die Erkenntnis ab, dass die Decke der Sixtina von dem Gesamtgedanken eines Harrens auf Erlösung durchwirkt wird, welches sich etwa in dem Doppelbild von Sintflut und Kreuzigung zeigt, zu dem die kleine Szene der Männer mit Leiter führt. Diese Denkweise eines *angewandten Warburg* ist methodisch von hohem Wert, lässt diese doch dem Bild seine

[42] Siehe S. 22 in diesem Band.

[43] Siehe hierzu auch Sears, Elizabeth: Die Bildsprache Michelangelos. Edgar Winds Auslegung der Sixtinischen Decke. In: Bredekamp/Buschendorf 1998, S. 49–75. Zum Symbolverständnis in diesem Kontext Buschendorf, Bernhard: Zur Begründung der Kulturwissenschaft. Der Symbolbegriff bei Friedrich Theodor Fischer, Aby Warburg und Edgar Wind. In: Bredekamp/Buschendorf 1998, S. 227–248, hier S. 237.

[44] Siehe in diesem Band S. 36.

Eigenständigkeit und reduziert es in der Analyse nicht zu einem bestätigenden Beiwerk schriftlicher Quellen.[45]

Am 3. Februar 1937 schrieb der Philosoph Ernst Cassirer von Göteborg aus an Fritz Saxl und erkundigte sich:

„wie weit ist eigentlich die Publikation von Winds Michelangelo-Studien gediehen? Ich bin gespannt auf ihre Veröffentlichung. Aus Rom hörte ich von vielen Seiten, welch starken Eindruck seine Vorträge gemacht haben."[46]

Obwohl Wind das Manuskript an *Die Bildsprache Michelangelos* wohl gegen Ende 1936 fertiggestellt hatte, betrieb er nie dessen Veröffentlichungen. Dass er es auf Deutsch verfasst hatte, wäre für den exzellent Englisch sprechenden Kunsthistoriker nur ein kleines Problem gewesen. Obwohl Wind zeitlebens bei der Publikation seiner eigenen Forschungen immer überaus skrupulös war. Im Jahre 1937 erschien erstmals das von ihm gemeinsam mit Rudolf Wittkower herausgegeben *Journal of the Warburg Institute*. In diesem präsentierte er unter dem Titel „The crucifixion of Haman" eine seiner überzeugendsten Detailstudien aus *Die Bildsprache Michelangelos*.[47] Doch bereits um 1935 hatte Wind noch eine umfassendere Untersuchung unter dem Arbeitstitel *The Religious Symbolism of Michelangelo* skizziert.[48] In dieser plant er das Gesamtwerk Michelangelos mit dem Bezug zu einer mystischen Theologie der Renaissance zu deuten. Im August 1939 verließ Wind das *Warburg Institute*, um vorerst in den USA tätig zu sein. Ende der 1940er Jahre verfolgte er auch hier die Arbeite an der Michelangelothematik und fertigte ein detailliertes Inhaltsverzeichnis an. Dieses Berichtet von einem Einführungskapitel „On the Nature of Symbols" sowie vier weiteren Teilen: „Pagan and Christian Metaphors", „Symbols of Death", „The Theory of Love" und „The Theological Testament".[49] In diesem Kontext ist das Michelangelomanuskript von 1936 zu verorten, welches nun erstmals publiziert vorliegt.

[45] Erwin Panofsky erkannte in welcher Art und Weise es Wind möglich war, die Ansätze Warburgs eigenständig weiterzuführen: „He is certainly the one man who has developed the ideas of the late Professor Warburg in an entirely independent spirit and is able to carry them on in a most stimulating form." Panofsky an Georges Boas, 5. Oktober 1939, in: Wuttke 2003, S. 219; siehe ebenso Schneider, Pablo: Edgar Wind (1900–1971). *Begriffliches Denken – verkörpertes Sehen.*" In: Probst, Jörg / Klenner, Jost Philipp. (Hrsg.): *Ideengeschichte der Bildwissenschaft*. Frankfurt a.M. 2009, S. 53–74, bes. S. 59–65.

[46] Wind papers, Bodleian Library, Oxford, Box 12, Kopie

[47] Wind, Edgar: The crucifixion of Haman. In: *Journal of the Warburg Institute* 3, 1938, S. 245–248

[48] Hierzu Sears, Elizabeth (Hrsg.): *The religious symbolism of Michelangelo – Edgar Wind.* Oxford 2000.

[49] Sears 1998, S. 51.

Editorische Anmerkung

Der Publikation liegt das bislang unveröffentlichte Manuskript Edgar Winds zugrunde, welches sich im Edgar Wind Trust, Oxford, Estate of Margaret Wind, Edgar Wind Papers Bodleian Library befindet. Der Originaltext wurde unverändert übernommen, mit Ausnahme einer behutsamen Anpassung an die neue Rechtschreibung. Offensichtliche Fehler wurden stillschweigend korrigiert. Literaturangaben wurden vervollständigt, dort, wo es sich für die Nachvollziehbarkeit anbot. Das Manuskript enthält ursprünglich keine Abbildungen. Diese wurden vom Herausgeber hinzugefügt. Sie stammen überwiegend aus der Publikation Steinmann 1905, auf die sich Wind in seiner Argumentation stützt.